U0347238

权力与影响力

POWER AND INFLUENCE

[美] 约翰·科特 著
(John P. Kotter)
李亚 王璐 赵伟 等译

机械工业出版社
CHINA MACHINE PRESS

图书在版编目（CIP）数据

权力与影响力 /（美）约翰·科特（John P. Kotter）著；李亚等译. —北京：机械工业出版社，2024.2（2024.11 重印）

（约翰·科特领导力与变革管理经典）

书名原文：Power and Influence

ISBN 978-7-111-74873-1

Ⅰ. ①权…　Ⅱ. ①约… ②李…　Ⅲ. ①企业领导学　Ⅳ. ① F272.91

中国国家版本馆 CIP 数据核字（2024）第 013692 号

机械工业出版社（北京市百万庄大街 22 号　邮政编码 100037）

策划编辑：李文静　　责任编辑：李文静

责任校对：牟丽英　　责任印制：李　昂

河北宝昌佳彩印刷有限公司印刷

2024 年 11 月第 1 版第 3 次印刷

147mm × 210mm · 8.75 印张 · 3 插页 · 146 千字

标准书号：ISBN 978-7-111-74873-1

定价：79.00 元

电话服务

客服电话：010-88361066

010-88379833

010-68326294

网络服务

机　工　官　网：www.cmpbook.com

机　工　官　博：weibo.com/cmp1952

金　　书　　网：www.golden-book.com

机工教育服务网：www.cmpedu.com

PREFACE ▶ 前言

本书主要分析组织内外日益复杂的社会环境（social milieu[㊀]）的成因与影响。这里说的组织包括公司、律师事务所、政府机构和其他组织，总体而言，它们现在雇用着几乎所有的人（除非你不工作）。写作本书的目的在于让人们关注那些我认为极端重要的问题，与此同时，对于那些不惧官僚主义、小团体主义而与恶性权力斗争并在组织内部追求卓越、创新与快速反应的人，本书也希望能够给予

㊀ 此词与 social environment 略有不同，中文都译为“社会环境”，但 social milieu 更侧重于个体的关系，指能够对个体产生影响的社会环境，比如，有时社区环境也用这个词。而 social environment 则指一般的社会环境，而不管它对个体是否有影响。——译者注

一些帮助。

本书一共有四篇。第一篇包括第1～3章，主要是提出本书的基本观点。(1) 在过去几十年中，一些根本性的社会和经济发展潮流对与大多数管理岗位、技术岗位和专业岗位密切相关的社会环境产生了重要影响，使之日趋复杂；(2) 这种复杂性表现为各种人员群体间错综纠葛的相互依赖关系；(3) 这种多样性与互赖性的增加，使得许多个人工作和管理工作变成了必须具备卓越领导力的工作，也就是说，你需要在不能控制（如通过正式的上下级关系、预算安排等）他人的情况下得到这些人的帮助；(4) 在这种情况下，卓越领导力意味着你有能力开发足够的权力资源来弥补这些工作中固有的权力缺口，并且愿意负责任地运用这种权力带领相关各方（下属、上司、同事、外部人员）共同去实现有价值的目标；(5) 如果缺少这种领导力（这种情况在当今屡见不鲜），在你周围就会出现冲突，这可能会演变成小团体主义、官僚主义纷争乃至恶性权力斗争。

在本书的第二篇和第三篇中，我们深入探讨了高层管理工作和基层专业技术工作所面临的领导力挑战问题。第4～6章分析了企业内常见的三种基本关系：下属关系、上司关系以及与权力范围之外其他人的关系，并讨论了如何有效地、负责任地解决这些关系问题。第 7 ～ 9 章分析了一家典型综合企业的领导者在其职业生涯的不同阶段通常会遇到的领导力难题。

在本书的第四篇，对于下面两个问题给出了总结性建议：（1）如何提高个人的工作成效；（2）如果要大量培养能够担任艰苦领导工作的人才，企业应当如何去做。

本书的基础是 1971～1983 年间由哈佛商学院科研部门支持进行的 7 个科研项目，在本书的致谢中对这些项目以及参与人员进行了简单说明。我以前的著作和文章中已经介绍过这些项目的研究成果，本书会大量地引用这些著作和文章。与我迄今为止发表的几乎所有成果一样，本书的研究对象是综合企业，重点关注企业核心人物的各种行为。但在几个重要的方面，本书与以前的著作又有所不同：它不是一本教材；此外，虽然它以大量研究成果为基础，但绝非学术专著。相反，本书的目标是尽量让非专业人士也能看懂并能从中获益。针对这类读者群体，我根据十年的实地研究成果，重点分析现代企业中的一些核心问题，以及如何运用对企业有效、对社会负责、对个人无害的方式解决这些问题。

我不敢说本书能够完全做到既不过分天真幼稚，也不过分愤世嫉俗，虽然这是我在分析领导力问题时所提的建议。由于我并不了解本书各个主题的所有细节内容，因此难免出现偏差，即过分天真幼稚或者过分愤世嫉俗。但我认为本书的大部分内容还是实用的。我希望（也许有点天真）它会对一部分人的生活产生细微但重要的影响。

CONTENTS ▶ 目录

第三篇

领导周期

第四篇

启示录

第一篇

管理和专业工作的变化

POWER AND INFLUENCE

第1章

引　言

▼

本书的基本观点可以简述如下：当今复杂组织的工作性质正在发生重大变化，这就要求我们熟练掌握领导力、权力和影响力之道。这可以增强公司的竞争力，也可以使僵化的官僚体制变得更为灵活、富有创造性，使其适应能力增强，甚至可以使我们的工作变得更有吸引力，从而给大多数人带来成就感。如果缺乏这方面的必要知识和技能，我们就有可能被现代企业的种种弊端击垮，这些弊端包括：官僚斗争、本位主义、破坏性的权力竞争等，它们通常会削弱组织的能动性、创新性、士气，还会影响绩效。

在接下来的分析中，我将会关注以下几个问题：管理和专业工作是如何变化的？为什么会出现这些变化？为何领导和权力问题变得日益重要？如何以有效和负责的方式来进行领导和行使权力？本书中的案例大多来自公司，但它们也适用于政府机构、律师事务所和医院，几乎适用于各种组织。这些案例以及相关的分析并不能给人们提供“药方式”的简便解决方案，而是针对一系列重要而敏感的问题提供了一套思维方式，这些问题与当今正在从事（或正在接受培训，准备从事）复杂的专业工作、技术工作和管理工作的人们密切相关，这些人的代表就是下文中要提到的安德里亚、佛瑞德和约翰。

1

28岁的安德里亚是纽约一家广告公司的广告策划人。她业务精通，在公司工作了七年，并且因业绩出色六次获奖。尽管承担的责任越来越多地使安德里亚有点儿烦恼，但在大部分时间里她还是热爱这份工作的，不过安德里亚不喜欢她的老板。

只要是谈论工作，安德里亚很快就会批评她的公司。她抱怨“愚蠢的官僚机构”限制了她的才华展示，她还会给你讲两个客户经理的趣闻轶事，甚至给这两个人取了非常滑稽的绰号。她几乎闭口不谈自己的薪水，但是明显可以看出来，她对近两年自己薪水的增长幅度很不满。她怀疑因为自己对公司存在的问题直言不讳，招致了管理层中某个“不称职”的领导的报复。这位七年前从安娜堡来到纽约的天真女孩已从一个清纯的中西部姑娘变成了大都市的愤世嫉俗者。

在安德里亚的内心深处，她很为自己在公司的前途担忧，她曾考虑过跳槽到另外一家公司，但她的朋友告诉她“天下乌鸦一般黑”。她也知道自己可能应当遵守和参与“公司政治游戏”，但她总是无法认同这种想法。她不知道还有没有其他的选择，这让她情绪低落。她只希望人们不要管她，让她去做自己喜欢的工作——一份凭借个人能力做贡献的工作。不幸的是，在过去几年中她承担的工作越来越多，这已使她无法再专心做广告策划了。

从某种意义上说，这本书是写给像安德里亚这样的人的。

34 岁的佛瑞德是一家著名的世界 500 强公司的年轻经理，他富有进取心，拥有 MBA 学位，已经在这家公司工作了三年。他非常喜欢自己的工作，并且对未来的职业生涯发展很有信心。

MBA 毕业以后，佛瑞德曾在一家管理咨询公司工作了五年。在回忆这段经历时，佛瑞德说，他在“逻辑分析”方面从来没有遇到过困难，真正的挑战是人的问题和人际关系：要学会如何与项目团队进行高效合作，如何与客户沟通，如何给控制工作分配的公司合伙人留下一个好印象，最终要学会如何自己管理一个项目团队。在这些方面遇到的问题比他想象的要困难和复杂得多。现在回想起来，他觉得自己刚出校门时实在是太天真了。

在大多数情况下，佛瑞德能够成功地应对咨询公司中的种种挑战，公司上下对他的评价都很高，因此佛瑞德决定接受一家客户企业提供给他的一份工作。他在新公司的一个以生产为主的事业部工作，这个事业部的年收入为1亿美元，他的职位是营销总监，这样的好工作令人难以拒绝。

换了工作以后，佛瑞德仍然做得很成功，这绝对和他的努力分不开。佛瑞德刚到公司的时候，人们对他这位“飞黄腾达的MBA咨询顾问”有着很深的敌意。他发现营销部门有40名左右的人工作不够称职，但与咨询公司不同，他不能简单地用更合适的人员换掉他们。在新岗位上，佛瑞德生平第一次要与一个工程部、两个制造工厂和一支营销大军打交道，这些部门俨然就像一个个独立的小王国。与咨询公司不同的还有他的上司（乃至上司的上司）与自己的背景截然不同，这些背景上的差异常常使他们得出的结论差异很大，说服上司相信自己的观点有时候非常困难、令人郁闷。

佛瑞德深谙管理工作的核心就是与各种相互依赖的复杂关系打交道——包括上司、下属、同事和外部人员。他也知道自己毕业后在这方面学到了很多东西。但事业的蒸蒸日上不断给佛瑞德带来新的、更大的挑战，他有时感到力不从心，很难掌握所有必要的东西。他常常幻想在他负责的人员和工作上，自己能够获得更多的控制权和决策权。

这本书也是为世界上那些像佛瑞德这样的人写的。

44 岁的约翰是一家西海岸银行的执行副总裁，他的大部分职业生涯都是在银行业度过的。约翰为迄今为止自己取得的成就而自豪，并且非常希望能够利用自己的地位做一些有意义的事情。

就像现在的许多行业一样，银行业正在经历着一些有意思的变化。约翰认为这些变化令人兴奋，同时也蕴藏着一定的威胁。他认真研究了技术发展趋势、政府监管的变化和竞争环境的转型，他觉得自己知道本银行在未来五年应该做哪些事情，但是担心做不成这些事情。

约翰所在的银行要克服重重艰难险阻，才能从 A 状态（银行现状）发展到 B 状态（五年后的“新”银行）。第一，要说服一些重要的领导、部门和客户，让他们相信：确实有必要使银行发展到B状态。与所有的变革一样，这种调整需要人力、财力的投入，并且肯定会带来一些不便。现在，这些重要人物对此项变革还不认同。第二，改革后，有一个银行部门会丧失其重要地位，因此必须克服这方面的阻力。约翰知道这并非易事。第三，如果银行实施了约翰提出的改革方案，目前有望接替首席执行官的三位竞争者中有一位的继任机会可能会受到影响，所以，此人的合作或至少是不反对，显然是非常必要的。

约翰非常富有经验，他预见到了所有这些问题，认为这有可能引发一场银行中的大规模权力斗争，并且意识到在这个历史关头迫切需要强有力的领导。然而，他并没有十足的把握去积极合理地推动与影响改革发展进程。

本书也可以说是写给像约翰这样的人的。

2

本书的主要目的是想帮助像安德里亚、佛瑞德和约翰这样的人，让他们能够更有成效地工作，在事业上取得更大的成功，并通过他们的努力使所在的公司更有竞争力、响应速度更快和更富于责任感。本书的重点是关于领导、权力和影响力的一系列问题，在最近几十年间这些问题变得日益重要。它们是：

- 在需要团队通力合作而有些人却强烈抵制合作的情况下，如何实施重要的战略调整或适应性变革？
- 面对众多难以或无法克服的官僚主义障碍，如何在企业内部鼓励创业精神和创新行为？
- 在完成一项艰巨任务时，如何从上司（哪怕是不甚称职的上司）那里获取资源、支持和公平的待遇，而不必屈从于低劣的（对企业有害的）公司政治游戏？
- 你急需一些人的帮助和合作，但他们却不受你管辖（或不受你直接领导），并对你持不信任态度，如何避免与他们产生破坏性的敌对关系？
- 如何使部下变成一支全力以赴、业绩出众的团队，而不是彼此间拉帮结伙、钩心斗角？
- 如何避免让自己成为公司内部权力斗争的牺牲品，尤其是在你势单力薄、比较脆弱的职业生涯初期？
- 如何避免落入滥用权力的陷阱，如不培养继任者、不在适当的时候移交权力？
- 总体而言，主要问题是如何鼓励卓越意识、创新精神和快速响应能力，使企业不被官僚主义、本位主义和有害的权力斗争绊住前进的脚步。

世界上确实有一些人能够非常有效地处理这些问题，稍后你会在本书中看到一些这样的例子。然而，在今天这样的人还是少数。这是一个大问题，因为领导力、权力和影响力等已经变得极为重要，而且我认为在未来几十年间它们会变得越发重要。

我的这种看法并非由来已久。我刚开始在企业中进行实地研究和咨询的时候，对哪些是关键问题的看法与现在大相径庭。15 年前，我认为许多企业绩效不佳是因为它们在产品、营销、市场分析、控制系统、战略规划、库存管理等方面缺乏“好的”或“现代的”理念。我在读研究生时正好学过这些“理念”，所以我非常乐于把这些东西传授给企业中“未受过教育”的人们。

通过咨询实践，不久之后我发现了两件事：

- 即便是绩效很差的公司也不乏好点子。作为咨询顾问，我所要做的就是到处走走，对大家进行深度访谈，而后从中总结出好点子，这种工作太轻松了！这样，我就可以写出一份高水平的咨询报告，并且不乏真知灼见和高明建议。
- 有好点子是一回事，实施是另一回事。之所以有好点子的公司仍然业绩很差，就是因为有好点子的员工不能将其实施，官僚主义和公司政治扼杀了这些员工的创造力和创新精神。

我对这个问题进行了十几年的研究，现在我知道了为什么有些人能够在复杂的组织中出色地发挥其领导才能，而大部分人却做不到这一点。这首先是一个思维方式问题，即如何认识自身所处的社会环境。这种对“工作”本身的意义（尤其是权力、依赖性和影响力等问题）的看法和大多数人的思维方式都不一样。

说实话，提起对复杂组织中权力运转的理解，大部分人都是很幼稚的，另外一些人则是看破一切、玩世不恭。颇具讽刺意义的是，尽管这两类人表面上看起来是对立的，但他们在专业和管理工作中的表现却存在非常相似的问题。他们都歪曲了社会现实，根据错误的信息采取行动，这必然会给他们带来问题。幼稚者是戴着红色眼镜乐观地看待世界，而玩世不恭者则是戴着黑色墨镜看待世界，他们看到的都不是社会的真实情况。

两年前，我在部分哈佛 MBA 学生身上做了个实验，来检验这些聪明能干的年轻人幼稚或玩世不恭的程度。我给大概 100 个人发了一份五页的企业情境描述，现在这个企业需要进行几项大的变革。我给了他们两个小时去分析问题，并且要给经理写一份简单的（而非详细的）变革方案建议，然后我把他们的反应分成幼稚和玩世不恭两种情况。分类过程相当简单。如果有人的结论或建议是基于五页材料中没有说明的信息而得出的（比如认为有些员工是无私的，或者员工之间的关系很和谐并且相互支持，或者员工总是希望相互合作），这样的反应就得到1分“幼稚分”。相反，只要有人认为员工是自私的、员工之间关系紧张或员工内部冲突不可避免等，这样的反应就得1分“玩世不恭分”。然后我把这些得分加总，把这些学生归为六种类型：非常幼稚、比较幼稚（这两者统称为“幼稚型”）、比较玩世不恭、非常玩世不恭（这两者统称为“玩世不恭型”）、二者都不是和混合型。

你可以猜测一下结果会是怎样。他们都是23～36岁、受过良好教育的人，将近90%有过全职的管理经验。你认为结果会怎么样呢？

结果如下：

- 幼稚型 46%
- 玩世不恭型 18%
- 二者都不是 31%
- 混合型 5%

后面我将展开分析为什么这些26岁左右的年轻精英（比如参加实验的MBA），会显得如此幼稚（以及为何有些人非常玩世不恭）。这主要是和他们所处的环境有关，

他们所处的环境几乎全部是学校及其核心家庭。[㊀]

我还没有对年龄更大一些的经理人员做过类似的系统实验，但我有一种印象，在工作成效显著的那些大龄经理中，“幼稚型”和“玩世不恭型”的百分比都将非常低（如果是能力不强的大龄经理群体，我想“幼稚型”和“二者都不是”的百分比会稍低，而“玩世不恭型”的百分比会非常高）。我的感觉是，真正高效的经理人和专业人员在26岁的时候也是非常幼稚的，就像参加实验的那些哈佛MBA学生一样。但在职业生涯的初期，他们对社会实际情况有了更复杂、更成熟和更现实的认识，于是他们放弃了原有的幼稚想法。而能力不强的大龄经理则用“玩世不恭”取代了原先的“幼稚”看法。

我还认为高效的企业领导者之所以能够在工作中变得更为成熟老练，是因为他们不断接触拥有这种思维方式的群体，以及从比较幼稚或玩世不恭的群体所造成的失误中吸取教训。简单地说，这正是本书的基本内容。

3

认为一本书就可以改变个人处事之道的想法是非常

㊀ Nuclear family，只包括父母和子女的家庭。——译者注

天真的，因为读书不一定能提高你的社交技能。但是，读书能使我们拥有新的思维方式，可以让我们把注意力集中在重要问题上，可以帮助我们重新制定职业生涯发展规划。从这些方面来说，读书有助于我们提高工作成效。

复杂组织中从事专业和管理工作的人员必须要能力出众、尽职尽责，这一点在当今时代尤其显得重要。有史以来人们还没有如此依赖过公司、政府、医院、学校以及其他组织，我们享用的成千上万种产品和服务（常常被认为是理所应当提供的）几乎全部来自专业人员和管理人员担纲的各类组织，我们的生活质量和环境质量在很大程度上取决于这些组织。

没有个人的卓越表现，就不会有组织的辉煌业绩。在当今社会，个人的卓越表现，尤其是专业与管理岗位的个人表现，不仅仅需要专业能力，它更需要一种成熟老练的社交能力：可以组织员工、克服重重障碍实现关键目标的领导能力；力排种种分裂因素，把人们凝聚在一起为了有价值的目标而共同奋斗的能力；保持主要公司和公共机构的纯洁性，使其避免被官僚式的钩心斗角、本位主义和恶性的权力斗争所污染的能力。

要想在专业和管理工作中有卓越的表现，就要懂得如何利用企业内部的权力运作系统为我们服务，而不要让它成为阻碍我们前进的绊脚石。

第 2 章

组织内部的多样性、互赖性和权力运转

超越幼稚与玩世不恭

▼

我面前摆着一摞几乎和我一样高的教科书，其范围涉及金融学、会计学、决策分析、管理学、商务统计、经济学、市场营销、组织行为学、运筹学、管理信息系统、经营策略和人力资源，有的适用于本科，有的适用于 MBA，有的适用于经理人培训。这些书及相关教师每一年都会影响成千上万的人。

我刚刚浏览了一下这些书的目录和索引，想寻找像权力斗争、本位主义和官僚主义斗争之类的词条。这些书涉及上千个专题，但是我却找不到这些方面的专题分析，只有少数几页提到了这些方面的内容，而这些书的总页码多达 19 000 页，比例真是太小了！

这些书对企业和其他组织的看法是：人们用复杂的分析工具来对定价、库存水平、资源分配、负债水平、薪酬激励和其他企业问题做出决策。在这些书中，获取决策所需要的信息并不是什么难事，执行这些决策也不困难。因此，这些书描绘的是一幅幅远离矛盾、纠纷、操纵、敌视和内部斗争的天真图画。

1

1950～1970 年，约翰斯 - 曼维尔股份有限公司（Johns-Manville，Inc）的销售额年平均增长率仅为 4% 左右，该公司被形容为“臃肿、僵化、死气沉沉”。[1] 员工认为公司根本就没有真正的战略，用公司一位资深员工的话来说就是：他们“只是让公司保持运转，而后坐等好的结果降临”。

1969 年，公司董事们意识到有两家公司企图收购本公司，于是要求总裁克林顿·伯内特（Clinton Burnett）采取措施“拯救公司，给公司注入活力”。伯内特采取的应对措施之一是聘请咨询顾问理查德·古德温（Richard Goodwin）担任副总裁，负责公司规划。20 个月后，由于古德温的表现让董事会非常满意，他们遂把伯内特提升为董事会主席，而把古德温提拔为公司首席执行官兼总裁。

1970～1975 年，据《财富》杂志报道，古德温完全致力于“使这家一度停滞的建材公司重新复苏”。他对公司进行了改组，实施了 11 次重大并购和 12 次分拆，把公司总部从纽约搬到了丹佛，并导入了一种新型管理方式。这些举措使公司销售额从 1970 年的 5.78 亿美元跃升到了 1975 年的 11 亿美元，增长幅度高达 90% 。在 1970～1974 年，公司的净利润增长了 115%。

尽管古德温取得了辉煌的业绩，但他略带张扬、自由奔放的风格（他留着时髦的长发，还会弹节奏极强的钢琴爵士乐）据说惹恼了保守的外部董事们。1976 年，古德温的两项提议更是火上浇油。首先，他要求公司换掉与他们合作时间最长的一家金融机构。其次，他提议将公司董事人数从 12 名增加到 15 名，稍后再增加到 20 名。

1976 年 9 月，古德温去纽约参加董事会，他刚一到，公司的三名外部董事就要求在他的宾馆房间进行一次简短的谈话。这三名外部董事说他们是公司董事会（共 12 名董事）中所有九名外部董事的代表，他们希望古德温辞职。当古德温质问原因时，他被告知：“依据公司的规章制度，我们没有必要告诉你原因。”两个小时后，三名董事带着一份古德温签了名的离职协议书离开了，把目瞪口呆的前任首席执行官给抛弃了。

琼斯 - 戴 - 里夫斯 - 波格律师事务所（以下简称琼斯 - 戴律师事务所）是美国第六大律师事务所，总部设在克利夫兰，在华盛顿和洛杉矶设了两个分所。它有 220 名律师，是一家声望极高的老牌事务所，其合伙人包括哈佛法学院前院长、美国住房和城市发展部（HUD）前部长、俄亥俄州塔夫脱家族的一位成员㊀和美国财政部前副部长。许多人认为它是哈德逊西部地区实力最雄厚、最好的法律服务机构。

琼斯 - 戴律师事务所华盛顿分所的负责人是韦尔奇 · 波格（Welch Pogue），他已有八十高龄，无论是作为律师还是律师事务所管理者，他辉煌的职业生涯都已接近尾声。波格颇为自豪，因为他帮助创建的这家分所非常成功，而且几年后他的儿子将会接替他管理整个事务所。[2]

在 1979 年上半年，琼斯 - 戴律师事务所内部爆发了一场权力斗争，斗争的核心是华盛顿分所，关键人物是韦尔奇 · 波格。这次权力斗争的许多细节并没有公开，

㊀ 威廉 · 塔夫脱是美国第 27 任总统（1909～1913）。——译者注

但有一点众所周知：在1979年1月15日的一次会议上，波格宣布为了事务所的利益，事务所政府项目部负责人爱尔登·克罗韦尔（Elden Crowell）和该部门的其他三名合伙人应该辞职，爱尔登·克罗韦尔也出席了这次会议。波格并没有解释为什么这四位律师应该辞职，或者说至少他的解释没有让克罗韦尔满意，并且克罗韦尔绝对不愿意卷铺盖走人。

这次关键的会议刚开完，克罗韦尔就开始四处拉人来反对这项决定，他成功地获得了华盛顿分所一批年轻合伙人的支持，这些合伙人决定尝试通过选举一位新所长来推翻这项决定，因为事务所的合伙协议明确规定：如果总计持有华盛顿分所2/3以上所有权的合伙人投票赞成更换管理层，他们的投票就有效。经过一番短暂而紧张的游说活动，他们争取到了必需的2/3选票。1月26日，波格辞去了所长一职。

2月14日，华盛顿分所的新所长和克利夫兰分所所长艾伦·福尔摩斯（Allen Holmes）在华盛顿的大都市俱乐部举行会谈。在会上，福尔摩斯宣布他支持波格最初的决定，并且声明他将要求琼斯-戴律师事务所全体合伙人就政府项目部的合伙人问题进行一次投票表决。他之所以这么做，是因为知道克利夫兰和洛杉矶的合伙人会支持他。

六个月后，这件事总算尘埃落定，华盛顿分所2/3的人决定离职，并成立了一个新的律师事务所。在这次风波中，大量的宝贵工作时间都花在了讨论、游说、算计、密谋、争吵和谈判上，就连向来非常自负的波格也不明白为什么自己辉煌的职业生涯会落个如此下场。

1980年8月21日（星期四）晚上6：13，美国广播公司（ABC）在《晚间世界新闻》（World News Tonight）节目中播放了一条长达四分半钟的新闻，详细报道了美国一家大公司的多位高级管理人员涉嫌欺诈、串谋以及利益冲突。㊀通常，新闻节目曝光一家公司及其领导人并不足为奇，然而该报道本身就是一条新闻，因为被曝光的正是ABC自身。[3]

所谓的“查理天使”（Charlie’s Angels）丑闻最初是《纽约时报》揭露的，ABC新闻部随后对此进行了更深入的调查，挖掘出了更具杀伤力的消息。针对ABC的指控包括如下几项：（1）ABC的高级管理人员在“查理天使”丑闻中进行了串谋，骗取了近100万美元的“利润分成”，并将大部分钱通过“创造性的财务运作”转往斯佩林-戈德堡制片公司（Spelling-Goldberg Productions）；（2）当ABC西海岸公司合同部的一名律师试图将此事

㊀ 比如，让公司购买自己妻子开的公司的产品。——译者注

上报ABC高层时，她竟被解雇了；（3）阿伦·斯佩林（Arron Spelling）和伦纳德·戈德堡（Leonard Goldberg）的一位密友不是别人，正是ABC公司的总裁埃尔顿·鲁尔（Elton Rule），他们三个是部分房地产交易的合作者，而且鲁尔的子女都在为斯佩林或戈德堡工作。

1980年11月，《财富》发表了一篇对此事的后续报道，增加了一条ABC新闻中没有涉及的信息。74岁的ABC董事长看来很快就要退休了，鲁尔是最有可能的继任者。在其他的高级管理人员当中，最具野心的当属鲁恩·阿里奇（Roone Arledge）。用ABC员工的话说，阿里奇和鲁尔的关系"就像伊朗和伊拉克一样友好"。鲁恩·阿里奇是ABC新闻部的负责人。

2

当我们面对像古德温被解雇、琼斯-戴律师事务所"分裂"或者ABC"丑闻"这样的重大事件时，幼稚型的人会感到震撼，而玩世不恭的人则会心照不宣地微微一笑。前者宁愿相信这些故事是罕见现象或者很可能不是真实的（它可能是某个愤世嫉俗的记者编造的），后者则认为这是组织的真实日常生活，我们之所以很少听到这些事情是因为它们被那些不希望真相传播出去的利益群体给封锁了。

事实上，这些事情并非愤世嫉俗的记者编造，大部分事实都是可以得到证实的。比如，新闻记者和从事企业研究的社科学者近几十年来曾经报道过数十起类似事件。[4]显然，幼稚者的观点根本不符合事实。

但是，玩世不恭者的观点也不能对此做出更合理的解释。虽然至少从表面上看这些报道与玩世不恭者的世界观是一致的，但是此种观点并不能解释或预测这类事情何时何地会发生，以及何时何地不会发生。玩世不恭者认为破坏性的权力争斗、官僚式的钩心斗角和狭隘的本位主义几乎无时不有、无处不在。但事实并不支持这样的结论。最好的证据表明，虽然几乎所有组织在某种程度上都存在权力运用不当现象，但有些公司——通常是业绩最佳的公司，确实不存在这种情况。

玩世不恭者的问题在于，他们认为像琼斯－戴这样的公司分裂、像ABC这样被丑闻困扰、像查德·古德温这样被解雇，是出于人的本性，而人的本性是阴险、争强好胜、以自我为中心的，而且本质上是不讲道德的。玩世不恭者和幼稚者一样（这一点颇具讽刺意味），把组织的种种结果归因于个人内在因素的作用，玩世不恭者认为人的本性是邪恶的，幼稚者则认为善良乃人性之常态。同时，二者几乎都忽视了人们周围的组织内部小环境，以及这种环境对个人行为、人们之间的相互矛盾和本章前面所描述的权力斗争的重要影响。[5]

本书将采用另外一种观点——它强调复杂社会环境的影响作用。这种观点包括两个基础概念：多样性（diversity）和互赖性（interdependence）。这里所说的多样性是指人们在目标、价值观、利益关系、预期和理解方面的差异。互赖性是指两方或多方由于在某种程度上相互依赖，从而对其他各方拥有一定控制权的情况。在这里，互赖性不同于相互独立状态，因为后者意味着各方对彼此都没有控制权（不相互依赖），也不同于单边依赖状态（或控制状态），因为它意味着一方对另一方有较大的控制权，但反过来并不成立。

不同程度的多样性和互赖性的组合决定了前述几个案例中的互动选择，其逻辑可以归纳如下。

当工作环境中存在高度的互赖性时，单边行动几乎是不可能的。对于所有的重要决策而言，很多人有可能会采取拖延、阻碍或破坏行动，因为他们对此决策拥有一定的控制和影响能力。当然，他们的控制和影响能力可能来源于正式的岗位权力，可能来源于他们所控制的财务或人力资源，可能来源于他们的专有技术或知识，也可能来源于法规制度或有法律效力的合同，或者来源于其他因素。

当相互依赖的各方彼此间差异很大时，他们自然就很难对该做什么、何时由何人做等问题达成一致。人们在目标、价值观、利益关系和看法上的分歧会使不同的人得出不同的结论。多样性、互赖性越高，意见分歧就越大。由于存在相互依赖关系，人们不能通过强行命令或一走了之来解决这些分歧。因此，工作环境中较高程度的多样性和互赖性自然会导致人们对某一行动的意见冲突，进而影响人们解决此种冲突的努力。

如果牵涉的人很少（互赖性很低）并且人们之间的差异较小（多样性很低），迅速有效地解决意见冲突就相对容易了。各方可以坐下来，以坦率的方式正视这些问题，共同寻找一种可以满足所有人的关键需求的创新性解决方案。他们也可以把此项工作授权给一个相关知识或经验最丰富的人，由他去寻找最优解决方案，找到后迅速提供给相关各方。但是，如果牵涉的人很多（互赖性较高）并且人们之间的差异很大（多样性较高），要想迅速有效地解决冲突就困难和复杂得多了。如果与你发生冲突的是本公司与你同一部门的营销同行，他的出生地与你相同并且你们的教育背景和民族背景很相似，解决这类冲突可能不难。如果对方是一个在其他国家出生和长大、在另一个部门工作的工程师（或会计师），情况就完全不一样了。如果对方是一名视你为“敌”的政府工作人员（或媒体人士），情况就更不同了。

当存在较高程度的多样性和互赖性时，人们很难就谁是他们可以信赖的“专家”达成一致意见。不同的团体会提名不同的专家。因此，使所有相关各方聚到一起讨论问题常常是不现实的。如果召集各主要群体的代表一起开会的话，各方观点的巨大分歧会使讨论异常困难，耗时费力，效果不佳。在这种情况下，人们通常会寻求其他解决冲突的办法。有时他们会通过谈判来寻求一个并非最佳的妥协方案；有时他们会设法把自己的意愿强加给别人；有时他们会把决策权让给其他各方，希望别人以后也会投桃报李；有时他们会试图操控其他各方使他们接受自己的观点；有时他们会去说服其他人相信自己的解决方案对于所有各方而言都是最理想的。通常，上述这些策略在环境适合的条件下是能够解决冲突的，然而往往要付出高昂的代价。比如：把解决方案强加给别人往往会招致他人未来的报复；妥协实际上并非最佳方案；说服工作通常要耗费大量的时间和精力；操控行为会导致人们之间丧失信任，会使今后的冲突更加难以解决。此外，多样性和互赖性高到一定程度时，这些策略都会失效，从而导致旷日持久的权力斗争，主要表现就是官僚式的钩心斗角和本位主义的相互倾轧。

换句话说，当存在较高程度的多样性和互赖性时，自然就有发生类似约翰斯 - 曼维尔公司、琼斯 - 戴律师事务所、ABC 公司事件的潜在可能性，这与当事人本性的善恶没有多少关系。如果存在互赖关系的首席执行官和公司董事会成员在目标、视野、观点和利益关系上存在巨大差异，那么，这种差异必然会导致约翰斯 - 曼维尔公司所发生的那种冲突。经济上相互依赖的律师事务所分所之间在文化和管理上的巨大差异，则会导致琼斯 - 戴律师事务所发生的那种冲突。类似地，电视节目公司在经营和创新问题上差异很大的不同观点，再加上内部的利益冲突，很容易出现像 ABC 公司那样的问题。在所有这些情况以及无数的类似情况下，社会环境的复杂性是关键性决定因素，而不是人的本性。如果不能用高超的技能来解决这些问题，即在这三个案例中都没有看到的领导技能，破坏性的权力斗争几乎就不可避免了（这可以总结为图 2-1）。

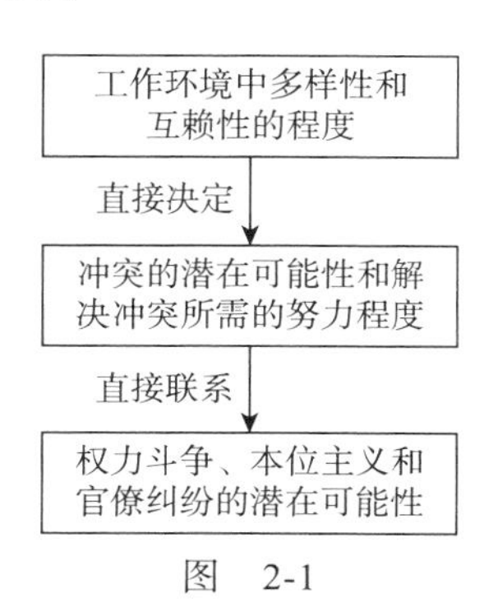

图　2-1

类似地，依据社会环境复杂性的观点，我们可以预言：在多样性和互赖性较低的情况下，冲突便会减少，权力斗争、官僚纠纷和本位主义行为也不多见。这可能和以下情况有关：

- 规模小——工作的专业化程度往往很低。
- 技术简单——不需要很多不同类型的技术专家。
- 产品或服务的多样化程度低——每个人都聚焦于同一类业务及相关指标。
- 竞争弱——资源丰富，人们不必经常协调各自的行动，也可能是客户和供应商处于相对弱势地位。
- 大量的小客户和供应商——他们规模很小，影响力较弱。
- 政府监管力度小——政府部门没有什么影响力。
- 工会数量少——员工组织影响力较小。
- 同质化的员工——在性别、年龄、国籍和种族等方面员工的差异较小。
- 雇员受教育程度低——没有人具备专业技术知识，因而没有发言权。

社会复杂性观点认为，经济学家提出的传统厂商模型只适用于技术简单的小型组织，通常这种组织没有大客户、大供应商、工会组织或政府监管，组织结构简单，员工同质化程度较高，因此在这种组织里只有“理性的”经济决策，而不会有权力斗争和公司政治。

如果我们生活在一个由经济学中的传统厂商所主宰的世界里，本章的讨论将会没有意义。在人类历史上，这种简单的社会的确存在过很长一段时间，人类历史的大部分阶段都是这种情况，包括传统经济理论最早提出的那个时期。但是自 20 世纪以来，特别是近几十年来，这一切发生了很大变化。如今，这种简单社会已经一去不复返了，并且各种强大的驱动力量正在使这个社会变得更加复杂，而不是更简单。

3

人们可能会忘记在过去一百年间我们的生活发生了多么大的变化。1840 年以前，普通人的工作就是与自然做斗争，那时的人们（包括在此之前一万年内的大部分祖辈）都是贫穷的农民，他们的大部分时间都花在与“物”打交道上，而不是与“人”接触。那时也有一些与工作相关的互赖关系——可能是农民与附近杂货店老板之间的关系，但是这样的关系并不多。而且那些相互依赖的人常常也没有什么大的差别，他们往往有着相似的教育、宗教、种族和国别背景。这些人之间肯定也会产生冲突，但是冲突很少，而且方式也很直截了当。他们主要把精力放在耕地、播种、修理、饲养等上面。

当然，1840 年及此前的企业管理人员所面临的环境则要复杂得多，但那时的管理人员并不多，在 1840 年，在 500 人或 500 人以上的企业中任管理者的，才几百人（最多几千人），当今这样的管理者则多达百万之巨。此外，对于大部分早期管理者而言，与今天相比，重要的互赖关系非常少，人员之间的多样性程度比较低。

在 1840 年，企业通常只在非常有限的地区性市场上销售其产品，运输和通信方面的困难使得供应较大规模的市场要么是不可行的，要么是不经济的。企业管理人员可能不得不依赖几家为数不多的当地供应商，产品和服务在技术上也很简单，不需要进行大量的各种投入。可能存在某种形式的政府监管，但力度很弱，要求很低。在组织内部，管理者或多或少要依赖关键性员工，但这种员工人数极少。相对低级的技术、简单的产品和较少的产量使得这些组织只需要设置数量很小的简单岗位，这些工作可以用一些很容易替代的员工来做。因此，员工群体总体上同质化程度较强，他们都是当地人，各方面比较相似。

今天，管理者的工作环境和以前相比已经截然不同了。一百多年技术革命造就的通信和运输技术使整个世界变成了一个全球性市场。医药、农业和其他行业的技术进步使这个市场上的人口和购买力急剧增加。最早由发明蒸汽机而开始出现的工业化新技术使工厂的规模越来越大，为全球市场生产各种产品。随着工厂和零售商的规模与数量不断增加，出现了越来越多的其他组织，它们要么为前述企业提供服务（例如会计师事务所），要么对前述企业的行为进行监管（例如美国联邦贸易委员会、美国汽车工业联合会），要么为日益城市化的工厂工人提供服务（例如学校、医院和地方政府）。

技术革命引发了许多变化，这使得如今的管理人员必须学会和无数个互赖关系打交道，这些关系涉及各种人员、团体或组织，它们都会影响管理人员的工作绩效。而且，相关各方在目标、观点和信仰方面存在巨大差异。[6]

对于当今的管理者哪怕是小公司的管理者来说，在几十个国家的上百个市场上进行销售是很常见的情况。他可能要为不同市场提供20种、200种甚至2000种技术很复杂的不同产品或服务，这就需要有一个庞大的供应网络为其提供零部件、人员和资金。另外，他可能还要对付数量不等的工会、政府机构甚至媒体，这些组织对企业有重大影响。在企业内部，他要依赖一支高度专业化的员工队伍，这些人分属拥有不同使命的小部门，他们通常有老有少，有白人有黑人，有男有女，有MBA和高中辍学生，有美国公民和其他国家的人。大部分此类员工都在从事复杂的工作，很难找人替代他们。

虽然社会复杂性主要体现在高级管理工作上，但在某种程度上，当今几乎所有的管理工作、专业工作和技术工作都存在这个问题。特别是第二次世界大战以来，企业组织日益复杂，数量快速增加，这迫使高级管理人员不断分权，让越来越多的中层管理人员和专业技术人员自己处理一部分多样性和互赖关系。而且在过去的25年中，一系列趋势变化也在企业内各个层次上增加了多样性或互赖性的程度，这些趋势包括以下几方面。

- 企业国际化：与20年前相比，一个代表性的美国企业现在的经营范围已经扩展到更多的国家，从其他国家获得的收入也要多得多，并且要与更多其他国家的企业进行竞争。
- 多元化成长战略：与1960年相比，许多企业现在的规模都要比那时大很多，并且这种成长主要来源于多元化拓展，即增加新产品/服务或开拓新的市场领域。
- 政府监管、有组织的消费者团体和商业媒体的增长：与20年前完全不同，除了客户、供应商、竞争对手和工会之外，现在有更多的团体可以在一定程度上影响企业的行为。

- 员工队伍的异质性不断上升：随着大量妇女、黑人、讲西班牙语的棕色人种和其他少数民族人员的加入，现在的员工队伍已不再是几乎清一色的白种男人了。
- 持续性的技术进步：新的微处理器技术、基因技术和其他技术革命推动建立了一些全新的行业，并且改造了很多老行业。
- 员工受教育程度日益提高：这当然并不是什么新趋势，但它不断地在一些重要方面改变着工作的环境氛围。
- 世界经济近十年的下滑：这可能是最新的、许多企业感受最强烈的趋势。
- 员工队伍的年龄变化：第二次世界大战婴儿潮期间出生的人正好现在参加工作，他们人数众多，大大加剧了企业中有限管理岗位的竞争。

专家可能会对这些趋势中哪一个更重要以及是否存在遗漏项有不同意见，但是我认为他们会认同以下两点：（1）这些是真实的趋势；（2）每一个趋势都会对人们的工作产生某种程度的重要影响。关于单种趋势的影响已有很多论述了，但很少有人研究这些趋势对专业和管理工作的综合影响，而这种综合影响研究是很有价值的，这也正是本书的重要内容。

有些趋势使人们无法再自我控制和自我决断，使工作越来越依赖于他人，这些趋势将个体性工作（individual-contributor jobs，与工作职责相关的主要任务由任职者个人完成）和管理性工作（任职者指派其他人完成工作，同时对关键人员拥有较大的支配权）系统地转变为领导性工作（任职者让他人帮助自己，相互合作，但与管理性工作不同的是，任职者并没有对关键人员的控制权）。这些趋势包括：（1）与市场无关的第三方拥有的权力在不断增长，例如政府、消费者团体、媒体以及特定行业中存在的工会组织；（2）国际竞争加剧，这使得美国企业越来越依赖重要的客户和供应商，竞争使企业的利润额和利润率下降，还使得企业内各个部门和事业部由于资源有限而变得更加相互依赖；（3）日益复杂的技术（包括管理科学技术和自然科学技术）不断发展，使我们越来越依赖专门负责这些技术的人员；（4）工人的受教育程度和技能水平日益提高，这使得我们不能对他们吆来喝去，他们也不再像以前的工人那样可以很容易地被替代。

在过去二三十年间，这些趋势的综合作用使许多管理性工作和个体性工作发生了重大变化，并且它们还将继续推动这些工作发生变化。这就使得人们越来越依赖政府官员、技术专家、核心下属、公司其他部门、关键客户、重要供应商、大的工会组织和商业媒体等，但是人们对这些依赖对象却没有多少控制权。结果就是：个体性工作和管理性工作变成了领导性工作——在领导性工作中，你所拥有的权力远远不足以命令其他人为你完成任务。

同时，许多其他方面的趋势——如产品的多元化、市场的多样化和员工异质性程度的提高，使新出现的领导性工作变得日益复杂，因为它们让被领导群体变得越来越多样化。

就在不久以前，一个典型的美国公司经理人或专业人员还只负责一种产品或服务，面对一个市场或一个客户群，管理一支与自己背景相似的员工队伍。现在这种情况已经一去不复返了。如今他们往往要负责多种产品或服务，这就要求他们与那些目标和观点皆不相同的人们打交道；他们经常要面对多个市场和多个客户群，这些客户的需求各不相同，甚至有时讲不同的语言；他们要和与他们背景不同的员工一起工作，实际上，有时候这种背景差异可能非常大。

与我们相互合作的群体最近变得越来越多样化，这一点具有深远的影响。领导一批在背景、教育和观点上与自己非常相似的群体是一回事，领导一批主要关注另外一些产品或市场、肤色有黑有白、年龄有老有少、出生地有美国有亚洲的群体则完全是另一回事。在这里，相互依赖的各方所具有的多样性会催生矛盾，而且往往会产生很多矛盾。有效地解决这些矛盾可能有很大难度，这需要具备高超的领导技能，能够让人们团结起来，而不是四分五裂，并且能够让大家共同制定创造性的决策，而不是演变成破坏性的权力斗争。

换句话说，我们这个时代的许多基本趋势将图 2-2 所示的以往工作（明显的互赖关系很少，人员同质性很高），转变成了图 2-3 所示的复杂的领导性工作（存在很多互赖关系，有时还很难明确界定，人员的多样性高）。

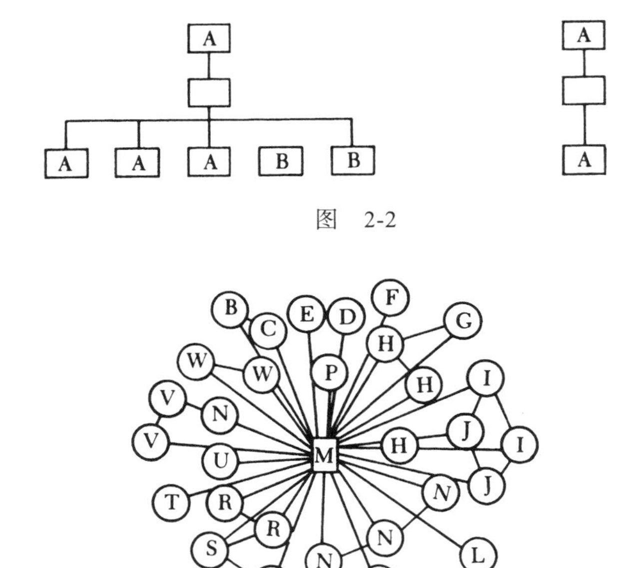

图 2-2

图 2-3

社会复杂性的提高相应地（预料之中的）使人们的工作冲突增加，而且必须为解决冲突付出更多的努力。自我控制能力的降低使人们不得不把越来越多的时间耗费在寻求他人的帮助与合作或者说服别人同意自己的决策上，而员工多样性的提高又使这变得越来越难。比如：在企业里能够让工程师满意的新产品规格，可能对于营销人员来说是难以接受的；让某个客户满意的送货时间，常常会对其他客户或生产经理产生不利影响；使某个政府监管机构满意的一项企业规定，往往让执行这项规定的经理们感到不满，或者有时候会让另外一个政府监管机构不满意；使工会满意的薪酬方案可能会让股东们感到生气；增加公司某一事业部的资金预算的决策可能会招致其他事业部经理们的不满；取悦于少数民族和妇女的优惠政策可能会得罪许多白种男人；德国客户喜欢的新产品设计不一定能让巴西客户接受。

这种冲突的数量是令人吃惊的。每天都有数百万起冲突发生，有时针对的是一些琐碎小事（例如把冷水机放在何处），有时针对的则是重大事项（例如核武器问题）。在当今的复杂组织中，几乎没有哪项决策及其执行不会引发冲突。

换言之，在过去100年里，发生约翰斯-曼维尔公司、琼斯–戴律师事务所和ABC公司这种事件的可能性大大增加了，大部分变化出现在最近20年间。产生这种变化的原因并非人性突然发生变异，变得更加以自我为中心、更富于竞争性和更加邪恶，而是因为一系列重要趋势使人们所处的工作环境变得非常复杂，而且在可以预见的未来，没有任何迹象表明这些趋势会向相反方向转变。

4

专业与管理工作的本质性变化极端重要，这一点怎么强调都不过分，因此找出适应这些变化的有效方法也是非常重要的，会为我们带来巨大利益。

数以百计的大企业、数以千计的小企业正在面临着约翰斯-曼维尔公司、琼斯-戴律师事务所和ABC公司所遇到的问题，它们应对这些挑战的成功与否将会对数以百万计的客户、雇员、股东和其他相关人员产生影响。

以美国电话电报公司（AT&T）为例。政府解除对通信业的管制后，AT&T对政府的依赖大大降低。但是新的激烈竞争和不断变化的技术使AT&T对客户和竞争者的依赖大为增加，相应地，AT&T内各部门的互赖性大大增强，特别是在工程部门、生产部门和营销部门之间。尽管在控制成本和满足政府相关要求方面生产部门仍然居于重要地位，但是各个职能部门再也不能各行其是、各自为政了。现在的关键问题是创新和市场反应速度，生产部门已经不能再独揽大权了，所有的关键职能部门必须进行更紧密的合作。

AT&T 处理这种新出现的内部互赖关系的方法将会影响它对数百万客户的服务质量，会影响几十万名员工的工作稳定性和满意度，还会影响其数百万名股东的股票收益。

迄今为止，AT&T 应对这项挑战的状况如何呢？[7] 根据许多相关报道，情况不容乐观。生产部门和营销部门的经理们似乎陷入了一场权力大战，从而不能把精力放在真正该干的工作上。有证据显示，生产部门正在赢得这场权力大战。1983 年 9 月至 1984 年 2 月间，AT&T 三名资历最深的高级营销经理离开了公司（同时离开的还有他们的手下）。这里我引用一位愤愤不平的前任营销经理的话来形容当时的斗争形势：

“我之所以离开 AT&T，是因为我们原先力争使公司成为一家市场导向的企业，但是目前我们却正在逐渐变成生产导向的企业。营销人员希望以最快的速度提供客户之所需，而生产人员希望花更多的时间去生产一种价格贵一倍、客户选择余地少一半的产品。正是这种公司文化的冲突使两个部门怒目相向。欣慰的是我最终离开，摆脱了所有这些派系纷争。”

AT&T 的管理者并不傻，也不幼稚，他们也意识到需要通过强有力的、负责任的领导来帮助公司度过艰难的转型时期，但是迄今为止，他们在建立、发展或鼓励这种强有力的领导上做得并不是很成功。

这种情况是 AT&T 公司特有的吗？通过与几十家美国公司上百名经理进行交流，我认为答案是否定的。AT&T 固然面临着比许多其他公司更艰巨、更明显的挑战，但各家公司问题的根源是相似的。

在工作场所存在高度多样性和高度互赖性时，公司需要在整个组织内实行强有力的领导来应对这种复杂的社会环境。如果缺少了这种领导，其后果将会非常严重。

第3章

领导的挑战

成功驾驭工作中的复杂局面

▼

上一章的分析可以归纳如下，即控制着当今世界且在可预见的将来其作用会更加重要的工作组织，有以下特点：在差异很大甚至是跨越国界或洲界的员工群体之间，常常会产生一系列数量巨大、错综复杂的相互依赖关系。以各种复杂方式形成相互依赖关系的员工之间存在很大的差异，这不可避免地会导致冲突，而且人们希望在相关事件中发挥自己的影响力。至少在一定程度上，这种互赖关系迫使人们与他人进行交往。在交往过程中，人们之间的差异性常常使他们难以就重要问题达成共识，于是，就会产生冲突。同样，因为他们存在相互依赖关系，所以不能对冲突置之不理。他们被迫去发挥自己的影响力，以便解决相关冲突。但是由于各方的目标、工作重点、理念有所不同，很难找到各方都满意的解决方案，冲突的解决过程将会耗费大量时间，人们的心理也不得不承受煎熬。所以，有时人们不再寻找各方都满意的解决方案，而是去想办法战胜对方。相应地，这又很容易变成狭隘的本位主义和具有破坏性的权力斗争。而这种恶性循环常常会带来更大的差异性（这是各方采取敌视态度的结果）以及更多的相互依赖（这是政治斗争的结果），所有这一切又会产生更多的冲突，从而使得局面越来越难以控制。[1]

实际上，打破这种恶性循环是我们当前所面临的重大挑战之一。

1

对于不同企业而言，出现第 2 章中所提到的那些问题的可能性并不是一样的。企业规模越大、项目越多、所用技术越复杂、竞争越激烈或资源越匮乏、同行业其他公司规模越大，员工在培训、文化和年龄上的差异越大，工作岗位的专业化程度越高、管理层级越多，企业中的多样性和互赖性就越强，也更有可能出现内部冲突和权力斗争。这就意味着在此类企业中，我们可以看到更复杂的相互影响过程、公司政治和权力斗争。即便两个企业在以上诸方面都完全相同，但由于领导者处理问题的技巧和态度有所不同，这些特点所产生的结果也会大相径庭。这正是关键所在：高度的多样性和互赖性不一定必然导致破坏性的斗争；恰恰相反，如果能够进行富有成效和高度负责的领导，这种环境可以产生高明的决策、创造性的解决方案和创新型的产品或服务。

研究决策程序的人常常会注意到：多样性和互赖性正是孕育创造性思想的必要条件。假如在决策活动中只有一个人参与（没有相互依赖），或者所有参与人员都是同一种思维模式（没有差异），那么，讨论过程中所能获得的信息范围总是很窄的。如果参与决策的人有不同的观点，在决策过程中我们通常可以得到更多的信息，这是因为人们之间会出现更多的观点冲突，而正是这些观点冲突使我们停下来思考并设法寻求解决之道。

“沙漠生存训练”㊀是团队决策培训中很常见的一个

㊀ 以下为一个典型场景：当时大约早上10点钟，7月中旬。你和同伴都没有受伤，没有办法确定你们的位置，但是可以知道离飞机出发地大约105公里。在离你113公里的北面或者东北面有一个煤矿，那里有人居住。附近的环境很平坦，除了一些仙人掌外，可以说是荒凉。气温达到43摄氏度。你穿着很薄的短袖衬衫、短裤、袜子和运动鞋。每个人都有一块手帕。你们加起来一共有1.25美元的硬币和81美元的纸币、一包香烟和一支圆珠笔。——译者注

练习，它可以很好地说明上述观点，即团队决策优于个体决策。在这个练习中，参与者会得到几页背景资料，背景是一架飞机坠毁于美国西南部的一个沙漠中。这些“幸存者”身边只有少数物品（共15种[㊀]），要求参与者按照这些物品对幸存者的重要程度进行排序。当每个参与者独立做出各自的选择之后，他们被分成几个小组，要求每组必须达成统一意见。结果显示：五次练习中有四次都是团队决策优于个体决策。而且，即使每个参与者都能较好地做出选择，团队决策也常常优于任何一个人的决策。

研究组织理论的学者也有类似的发现。在那些行业领先者以及创立新行业的公司中，常常存在高度的多样性和互赖性，并且有很多冲突。这些公司的管理者有时故意采用一套看似混乱的组织结构，从而形成复杂的相互依赖关系。他们鼓励甚至强迫大家去接触和交流。在此过程中，他们知道会产生更多的冲突，也知道会产生更多的短期问题，但是他们同样相信：如果这些冲突能够得到有效控制，就会产生更多创新性的想法、更多创

㊀ 以下为常见的15种用品：手电筒、水果刀、航空地图、塑料雨衣、指南针、绷带和纱布、一把装好子弹的手枪、降落伞（红白相间）、一瓶补充盐分的药片（1 000粒）、每个人一升水、一本书——名字是《沙漠中可以吃的动物》、一副太阳镜、2升烈酒、每个人一件厚大衣、一面化妆镜。——译者注

造性的解决方案以及更多创新型的产品和服务。他们认为这种创新能够使公司更具竞争力、响应速度更快、更能适应环境。

以新产品开发为例。行业领先者常常让工程师、营销人员和生产人员，有时也让消费者、供应商和其他人员参与其中。尽管他们知道这样做会使产品开发过程变得更难管理，因为它会带来许多冲突，但他们还是坚持这么做。他们相信，如果只让工程师或营销人员进行新产品开发，开发过程倒是好管理了，但开发出来的新产品常常档次很低。由工程师单独开发出来的新产品，可能技术领先、产品一流，但是往往生产起来难度较大，而且常常不符合市场的需要，至少价格偏高。营销人员单独开发出来的新产品大都能迎合当今市场的需要，但是常常在技术上不可行或所用技术很快就会过时。同样，生产人员单独开发的新产品通常很容易生产，而且往往价格低廉，但是常常对市场需求变化和技术发展不敏感。

我曾工作过的那些优秀公司，如IBM和GE等，都认识到了这一点。[2] 他们不再成批地雇用有相同专业知识背景的人，也不再把员工安排到管理架构中有相对独立性的岗位上去，尽管领导者在管理复杂关系遇到重大挫折时还想回到以前的管理模式。相反，他们承认，复杂关系和内部冲突是不可避免的，我们应当积极地应对这些问题。一旦我们做到了这一点，冲突的解决过程就能有效地把人们凝聚起来，消除不必要的分歧和鼓励良性的相互依赖关系。而这反过来又会减少不必要的冲突，使得复杂关系更加易于管理。

但是，我曾经工作过的“问题”公司通常走的是另外一条道路。在这些企业中，你会发现，为了便于管理，高层领导者会尽量减少差异性和相互依赖关系。他们的周围都是一些和他们观点相同的管理人员。企业的组织结构非常固定，被分成了一系列具有相当自主性的部门，而且只能进行上下级交流（这样就减少了横向依赖关系）。这种做法确实减少了很多冲突，而且在短期内使工作变得非常轻松，但是从长期来看，这种做法会损害公司的业绩。在有些案例中，公司的产品和服务变得越来越低劣，结果迫使顾客投向了竞争对手的怀抱。而在另外一些案例中，新的国际竞争对手又用更具创新性、价格更优惠的产品把顾客抢走了。不过，这两种情况的结果是一样的：激烈的竞争影响了企业的收入和利润，进而使各个部门不得不相互依赖，因为它们必须相互争夺有限的企业资源。而软弱的企业领导又不能有效地解决这些问题，从而导致更多的官僚内讧、本位主义和恶性权力斗争。人们的精力都浪费在这些不理智的权力斗争上了，于是企业效率下降，成本上升，创新活动彻底消失，同事感情日益疏远。所有这些又导致了更多的冲突和更难管理的企业局面。

在这两条道路中，一条正在被问题重重的官僚组织所采用，一条正在被优秀公司所采用，这更进一步说明我们所面对的挑战是何等强大（见图 3-1）。很明显，那些我们难以控制的发展趋势正在使工作环境变得更加复杂，而这又会导致更多的冲突或潜在冲突。如果应对得当，我们将会受益无穷。创新性的思想、创造性的解决方案、创新型的产品和服务会使得企业更加成功，也使我们的工作变得更有意思。相反，如果我们不能有效地处理这些复杂关系，其代价将十分高昂。官僚内讧、本位主义和恶性权力斗争会降低效率，提高成本，扼杀创新，疏远同事关系，几乎所有人都会深受其害。

至少在我看来，当今我们面临的最大挑战之一就是如何让企业顺利走完图 3-1 中右边的道路，而这一点则要求企业开展高水平的领导活动。

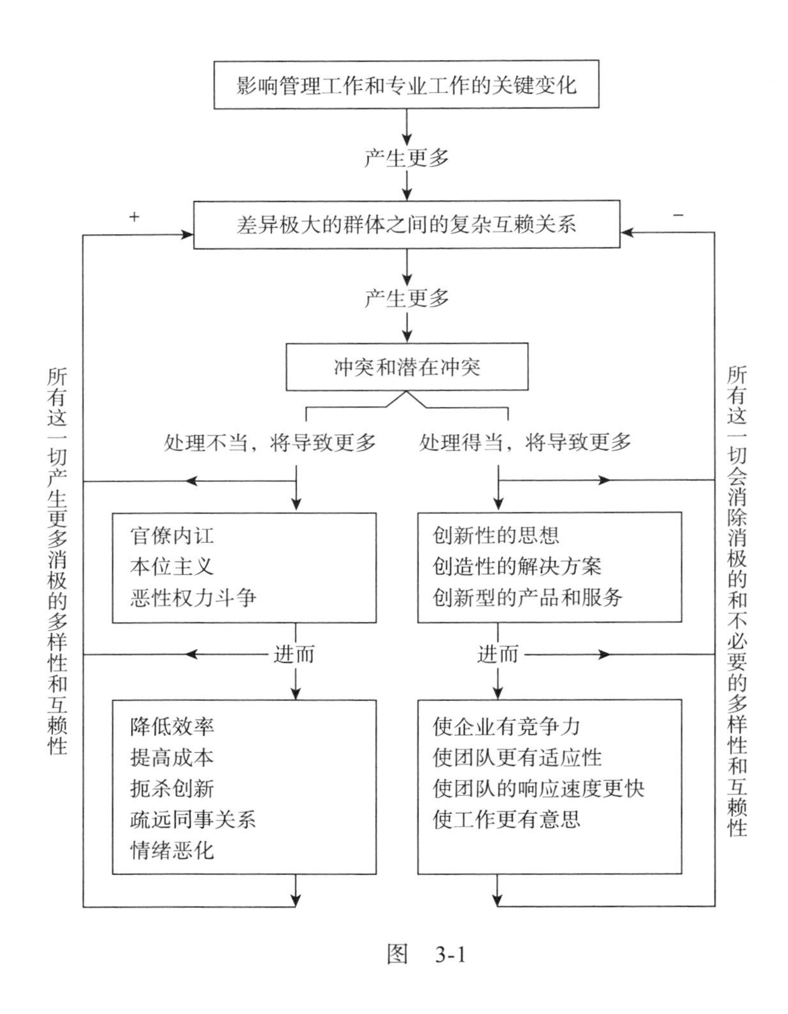

图 3-1

2

以上的分析说明：如果我们希望当今主导着世界而

且未来会继续主导世界的诸多企业可以进行有效的、负责任的领导，则我们必须：（1）不能让企业变得过于复杂以致无法管理；（2）在企业中安排那些愿意并且能够处理复杂关系的人做领导，这种安排不仅包括少数高层管理岗位，而且包括所有存在权力倒挂问题、需要高效领导的工作岗位。找一个温斯顿·丘吉尔[一]或托马斯·沃森[二]这样的人物坐公司头把交椅当然不错，但这还不够。大多数从事专业、管理和技术工作的人必须要能够熟练地处理工作中十分复杂的相互依赖关系，而他们也必须把这当作自己的一项重要工作内容。对于工程师、会计师、营销人员或其他类似人员而言，胜任技术性工作是绝对必要的，但只有这一点还不够。

今天，很多人都不重视这种关系网络的管理。他们喜欢（学校也一直这样教育他们）只关注工作中的技术问题。当别人不主动与他们合作时，他们往往把问题完全归罪于他人。当别人要求他们帮忙时，他们常常不满地抱怨自己无法安心做“本职工作”。在他们的业绩考评结果低于期望值时（这总是难免的），他们常常认为自己是“公司政治”的受害者。

㊀ 英国传记作家、历史学家、政治家，1953年获诺贝尔文学奖。1940年，他临危受命，出任首相，为反法西斯战争的最后胜利做出重大贡献。——译者注

㊁ IBM的缔造者。——译者注

对于员工而言，这意味着我们不再需要大批独裁式的“专家”，而是需要那些能够在技术领域进行领导的人，最好他们还能够领导自己管辖范围之外的人员。对于中下层管理人员而言，这意味着我们不再需要玩世不恭的丛林斗士、追求独立自主的工艺师或者绝对服从管理、毫无创造性的员工，迈克尔·麦考比㊀说过，如今这样的人满大街都是，我也完全相信这一点。[3] 相反，我们需要的是那些能够在职责范围内积极带动下属、同事、上司和外部人员实现优秀业绩的人。对于企业的高级管理人员而言，这意味着我们不再需要只考虑股东利益的财务分析专家，不再需要只为其他资深官僚阶层服务的官僚主义者，也不再需要为了搞好客户关系和增加销售额而向经销商卑躬屈膝的销售专家。相反，我们需要愿意而且能够维护全部利害相关方之利益的人。[4]

有些人可能认为传统的创业家是一条解决出路，但这并不正确。这些人往往善于处理与顾客、供应商和金融机构的关系，并且成功的创业家也很善于管理下属。但是，传统的创业家往往不善于管理自己管辖范围之外的员工，他们与上司的关系往往也不算好，并且本能地

㊀ 多本畅销书作者，对上班族个性解析及办公环境的变化有独到见解。麦考比是华盛顿“科技、工作暨性格研究计划”、哈佛大学“科技、公共政策暨人力发展计划”的领导人。——译者注

把其他部门的员工和上司看作自己的敌人。这就是他们愿意承担很高的职业生涯风险和财务风险去努力创办自营公司的一个关键原因。

由于互赖关系不断增强，因此我们真正需要的是大批拥有（广义）领导技能的人。100 年前，只有几千名精英需要管理大量的相互依赖关系，而今天这个数字已经达到了几百万。而且由于人们的差异性越来越大，我们所需要的领导技能也变得更加复杂了。领导 100 名有着相同目标、价值观和理念的人是一回事，领导 100 名内部有 20 个对立派别的人则完全是另外一回事了。

从本质来说，相关的领导技能既包括认知能力，也包括人际关系技巧，具体有：准确评估人们在目标、价值观、理念和利益上的差异大小的能力；洞察人们之间微妙的相互依赖关系的能力；判断上述两项之未来影响的能力。同时，还要能够有效地影响大量存在一定差异性的群体以成功实施管理方案。这些就是企业需要的领导技能。

本书的第二篇将会详细介绍这些领导技能。但是，我认为在这里简单地总结一下还是有必要的。此处的小结不对相关结论进行详细阐述，我们会在第二篇做这些工作。

3

要想有效负责地处理纷繁复杂的多样性和互赖性，首先需要拥有足够的权力来解决领导工作中固有的权力倒挂（power gap）现象，其次就是要尽可能负责任地用这种权力处理好所有的相互依赖关系。

一个管理者所需要的权力必然有很多种。权力基础也有所不同，包括信息和知识、良好的工作关系、个人能力、正确的行动计划、资源网络和良好的工作履历等。

名言“知识就是力量”当然适用于今天的很多工作。但是，在领导工作中特别重要的知识并非书本上的知识或课堂上的知识。领导工作需要的知识是关于社会现实（领导工作是它的一部分）的详细信息。

今天，一个人如果不能敏锐地体察工作环境中的多样性和互赖性，他就无法进行有效的领导。这意味着你必须了解所有相关群体，也许有数千个利益相关者；必须了解所有相关群体的不同看法：知道他们想要什么、如何看待这个世界及其利益所在；必须了解各种观点在什么地方会发生冲突——通常是存在重大分歧的地方；必须了解每个群体用何种权力来追求他们的利益，以及他们准备如何利用这种权力。

这些信息以及高度重视它们的态度是做出明智决

策的关键。这就要求我们实事求是地回答以下问题：要实施某项方案需要得到谁的合作？谁的服从是必不可少的？会有人拒绝合作或服从吗？如果会，为什么？他们会有何等的抵制强度？我能减少或克服这种抵制行为吗？用什么可行办法来做到这一点？这些可行办法是否符合每个人的最佳利益？假如不是，为什么？什么人必须付出何种代价？如果我们不能回答这些问题——在大多数情况下，答案不会自动产生——那么，我们做工作就像蒙着眼睛穿越地雷阵。

但是，只有信息肯定是不够的。你可能清楚地知道应该干什么，但就是做不成，除非你能够得到必要的合作与服从，除非他们愿意听从你的意见，除非他们愿意相信你说的话。换句话说，你需要得到大多数人对你的信任，这就是你的影响力所在。这也意味着你要与上司、下属、下属的下属、企业中其他部门的同事、外部的供应商或客户（事实上就是所有你要依赖的人）建立合作关系。这种依赖性越强，这些关系就越重要。

基于尊重、佩服、需要、责任和友谊的良好工作关系是做好领导工作的重要权力资源。如果没有这些关系，人员之间的差异性就会引发互相怀疑，互赖性则会阻碍命令的顺畅传达，在这种环境下，最好的想法也会被拒绝或者抵制。另外，由于这些关系同时也是重要的信息渠道，缺少了它们，我们就无法建立有效的信息基础。

建立这些关系是很困难的，如果关联方很多，而这些人在地理上又很分散的话，建立关系就会更加困难，除非你还有另外一些权力资源，如出色的工作履历和良好的个人声誉。如果管理者缺少权力资源，出色的工作履历与可信的个人声誉可以帮助他迅速建立和保持与其他人的良好工作关系。对于重要的领导岗位而言，需要与众多人等打交道，而且时间至关重要，因此上述权力资源带来的时间节约就显得十分重要了。

反过来，开发和利用这三种权力资源也需要一定的技能，这些技能本身也是一种重要的权力资源。其中包括认知能力：准确判断谁真正拥有解决某个问题的影响力；评估人们之间的分歧及其根源；找出人们的共同利益点。也包括人际关系方面的技能：尽管在现代社会中，人们相距较远、面对面交流较少、所承受压力较大，但是管理者必须与各种各样的人建立并维持良好的工作关系。此外还包括一系列施展影响力的技巧：知道在具体环境中如何巧妙地运用信息、关系、正式权力和其他权力资源。同样，这中间也包括一系列与具体业务或部门相关的专业技术技能。

这些技能、信息基础、所有的合作关系以及工作履历都是对岗位权力的补充，它们有助于管理者在高度复杂的企业环境中进行有效领导。这些权力资源可以帮助管理者制订一套有远见的行动计划，以便把恶性权力斗争减少到最小程度；用尽可能符合大多数人利益的创造性方法高效率地化解冲突。它们帮助管理者建立起一套必要的资源网络以便实行相关行动计划；它们使管理者有能力吸引优秀的人才、融到急需的资金和提出新颖的产品创意；它们使管理者有能力根据行动计划配置这些资源。归根结底一句话：这种资源网络和行动计划也是管理者进行有效领导的权力资源。

要想用好上述能力，管理者必须愿意有效、高效、负责地管理各种相互依赖关系：不能只追求短期利益；不能只追求个人升迁；不能只为其中一方的利益服务，无论这一方是谁，不能只服务于客户、员工或股东的利益。他必须有效地管理所有工作关系，包括向上的关系、向下的关系和横向的关系。他还必须妥善处理这些关系所带来的各种挑战，而这些挑战为数众多，不易对付。

妥善地处理管辖范围之外的人员关系意味着在没有正式管理权的情况下，你愿意并且能够克服重重阻力，实现共同合作。实际上，成功地与上司打交道实际上意味着你愿意而且有能力管理上司。而有效地管理下属则意味着你愿意而且有能力应对人际关系网，人际关系网由下属之间形成的各种关系组成，而不只是管理单个的个体。

更具体地说，对于横向关系而言，即那些管辖范围之外的人员，有效负责的领导首先要求对哪里存在这类关系保持高度敏感。这就是说，管理者要经常思考在管辖范围之外的人中，谁的合作与服从可能是成功实施相关决策或方案所要倚重的。这还要求管理者注意分析：哪些人有可能会抵制合作，原因何在，抵制强度如何，抵制方式是什么。这实际上就是对抵制者的动机、观点和影响力的评估。管理者还需要掌握在严格的时间条件和地域条件限制下建立良好工作关系的技能。管辖范围之外的人通常很难见到，或者是地点原因，或者是因为其他重要工作占了本可用来会面的时间，这使得建立和维持良好关系成为一种真正的挑战。由于这些人在观点和利益上都有很大差异，他们有时可能会对你进行强烈的抵制，所以在有些时候你也要敢于采取非常强硬的手段来对付这种抵制。

在公共部门里，特别是公众选举产生的岗位，这种对各种关系的敏感性及管理技能是十分重要的，因为这里总是会有很多横向关系。但是在私营部门[⊖]中，其重要性也正在不断地提升，因为与管理和专业工作相关的横

⊖ 与之相对的是公共部门，这并不同于中国的国有企业、民营企业之分，公共部门指政府之类的机构，其他的都是私营部门。——译者注

向关系也在不断地增加，这已经成了一个趋势。

就上司关系而言，高效领导要求下属不要像孩子一样，把管理双方关系的责任全部推给上司，而是积极主动地承担起建立和维持上司关系的责任。对于我们来说上司实在是太重要了（尽管他也是个普通人），所以不容有失。

有效地建立和维持与上司的关系包括四个基本步骤。第一，尽可能多地搜集有关上司的详细信息，包括其目标、长处、短处和喜欢的工作方式以及他工作上有哪些压力。第二，需要进行一次实事求是的自我评价，如自己的需求、目标、长处、短处和个性。第三，在上述基础上，主动建立一种满足双方关键需求、适应双方工作作风、以双向期望为特征的良性关系。第四，在维持这种关系时，管理者应当及时向上司汇报、做事诚实可靠并且有选择地利用上司的时间和其他资源。

我认为，幼稚者和玩世不恭者都认为人们建立和维持与上司的关系的唯一原因是为了自己的“政治”利益。他们没有看到在复杂的组织中，没有上司的支持是无法进行有效领导的；除了积极主动地与上司搞好关系以外，这种支持不会自己送上门。此外，在当今时代，上司和下属之间的差异性不断增大（在种族、年龄、国籍、性别、教育背景等方面），互赖性也变得更为复杂，我认为，双方关系“自动”向好的方向发展的概率是越来越小了。

就下属关系而言，高效领导首先要求管理者必须认识到他不是在面对一组个体，而是管理由不同员工通过各种相互关系组成的一套复杂的人际关系网络。要想管好这个关系网，不仅需要了解每位员工的个人信息，而且需要了解他们之间的各种关系。

掌握这类信息有助于管理者解决管理工作中经常出现的权力倒挂问题，但并不能彻底解决。要想真正领导下属，管理者还需要在尽可能多的下属中建立尽可能高的声望。这意味着要综合运用你的工作履历、人际交往能力、聪明才智以及其他个人优点来建立良好的声誉，并赢得员工的尊重。管理者不仅要在直接下属中树立自己的声誉，还要在尽可能多的其他下属中，尤其是那些关键岗位上的员工（不管他们的级别是高是低），建立自己的声望。

假如你的职位有一些实权，你应当利用这种权力来建立自己的下属体系，让他们之间的差异性和互赖关系为你的总体目标服务，而不要让他们形成帮派等负面东西。强有力的领导意味着要创造一个环境，在这个环境中，通过有效的团队合作，内部冲突可以产生创造性的决策方案，恶性权力斗争、官僚内讧和本位主义则会被降到最低程度。

在今天，强有力的领导意味着通过经常性的、有明确目标的干预，使下属系统保持平衡和方向一致。这种干预有时直接，有时间接；通常是温和的，偶尔也会强硬；常常注重实质，有时也强调形式；有时注重参与，有时强调专权。

综上所述，这些优势，如权力、能力和用权力管理复杂关系的决心，可以产生很大作用。他们能够把约翰斯-曼维尔公司、琼斯-戴律师事务所、ABC公司案例中的那些压力转化成良性的适度紧张感。假如在这些公司中有更多的人（特别是关键岗位上的人）拥有上述优势，他们所经历的恶性权力斗争即使不能完全消除，也能大大减少。另外，人们也可以更早地认识到这些潜在的冲突及其深层根源。基于这种认识，他们可以主动采取措施，使相关事件取得一个更好的结果。这样，人们的感情及其职业生涯不会受到伤害，组织资源也不会被浪费掉。这些优势确实非常重要。

4

为了制订有效的计划和建立广泛的关系网，我们需要利用各种权力资源，但这并不是一件容易的事。它需要时间、汗水和处处留心。由于涉及的相关人员成千上万，他们的相关信息足可以装满一个小图书馆，因此，找齐这些信息和建立关系资源常常要花好几年的时间。而且，此处涉及的相关技能大部分都是早年没学过的。这些技能主要是通过长期的经验教训和向高水平的管理者学习来得到提高和完善的。

因此，对于那些有志于从事领导工作的人来说，职业生涯初期的重大挑战就是建立有效开展工作所需要的权力基础。假如他们做到了这一点，其职业生涯中期的主要挑战就变成了如何负责任地运用他们所获得的权力，而不是去滥用权力。随后在他们职业生涯的晚期，挑战又变成了如何放弃这些权力，让选定的接班人平稳接过权杖。本书的第三篇会详细分析这些挑战。此处只是一个简要的概括。

就个人职业生涯的初期而言，第一个挑战就是如何选择至少在一定程度内适合自己需求、价值观、优缺点的行业、公司或岗位。这种匹配有利于你建立自己的权力基础。比如，由于所接收到的信息都是你感兴趣的，因此这也使得你更容易掌握相关业务。由于你喜欢和理解这些员工，建立良好的工作关系就不那么困难。由于工作很对你的胃口并且相对轻松，你就比较容易取得良好的业绩，同时还能拥有一份出众的工作履历。

职业生涯初期的中心任务是建立领导工作所需要的权力基础，而建立这些基础需要投入时间和精力。只盯着薪水和升迁（而非工作履历、个人声誉、业务素养、良好关系和人际交往技能等）、野心勃勃的年轻经理或者专业人员可能在短期内会取得很大进展。但他的短视行为迟早都会得到惩罚。他也许能比同事更早一些跻身于重要的领导岗位，但是升迁之后，他肯定会遇到很大的困难，原因就是权力基础不牢固。

建立权力基础需要特别注意职位晋升的速度。当然，如果晋升得太慢，就无法积累重要领导工作所必需的业务知识和人际关系等资源，但是，晋升得太快可能更危险。年轻管理“明星”的火箭式提拔，往往意味着他知识学习还不够、人脉关系还不深、工作资历还不够老，因而不足以应对高级管理工作。在这种情况下，一个很有潜力的人才就被毁掉了。

二三十年前，关注这些问题的只是一小部分想竞争当时为数极少的领导岗位的人。今天，成千上万的人都要关心这些问题。但是我怀疑，真正意识到其重要性的恐怕只是他们中的一部分，很可能为数极少。

那些在职业生涯初期渡过这些难关的管理者，在职业生涯中期又会遇到一系列新的难题。在20世纪70年代，一批成功的领导者都掉进了一个陷阱，其表现形式常常是并购或内部多元化，这种做法不知不觉就在员工间产生了复杂的多样性和互赖性，而这让领导者无所适从。针对多元化的重要决策一夜之间就使权力倒挂现象大大增加了。领导者的能力已经不能适应新形势的需要了。当这种情况发生时，很少会有人主动辞职，他们只是设法维持局面。于是公司业绩慢慢恶化。最后，他们年龄到了，光荣退休。新的领导班子开始出售或者关闭那些多元化业务，直到局面变得可以控制为止。

另外一个陷阱与第一个相关，我称之为“我无所不能”综合征。在有了多年的成功经历和掌管拥有很大权力的职位以后，管理者可能会忽略他的权力基础其实相当脆弱，特别是在业务知识和人际关系方面，于是得出结论：他有能力领导一切。那些有此种毛病的人，不仅会决定进行前途渺茫的多元化经营，而且有时还经不住诱惑跳槽到其他行业、其他公司担任高级领导工作，而这些工作是完全不适合他的。然后他们失败了，这对于他们自己和公司来说都是一个悲剧。

成功的领导者在职业生涯中期的另外一个挑战是：他们可能会变得不再尊重、同情和理解占员工大多数的无权阶层。如果相关决策很复杂，而高级管理者又脱离“群众”，那么他就很容易忽视这些决策对“小”人物的影响。如果出现了这种情况，领导者就会走向失败。

就在几十年前，这些问题还只是与一小部分人有关，现在则完全不是这样了。现在（今后更是这样），这些问题正在影响成千上万的人，而他们通常还没有做好有效应对这些挑战的准备。

最后，在职业生涯的晚期，管理者仍然要面对很多挑战，主要是与继任和过渡有关的挑战。在重要岗位上工作多年之后，有些领导者很难从容地、负责地让渡权力。

在职业生涯晚期，领导者首先要挑选一位优秀的继任者，并且对他进行培养以便让他胜任这项工作。这需要花费时间、付出努力和细心观察。这个时期的工作还包括为自己准备好未来的“退休生活”。对有些人来说，这可能意味着在高尔夫球场附近买房安家，和他们的孙子孙女享受天伦之乐。但是对于大部分领导者来说，这意味着要选择一种积极的退休生活，他们有可能在公司董事会、宗教团体或社区服务组织中继续担任领导角色。

最后，负责任的领导还意味着实现平稳有效的过渡，绝不要像ITT公司的哈罗德·杰宁（Harold Geneen）或哥伦比亚广播公司的比尔·帕利（Bill Paley）那样把着权力不放。

就应对职业生涯后期的挑战而言，一套好的继任制度帮助很大。而大多数与我有过合作的公司实际上都还没有建立一套良好的制度。有些公司只是在最高层有这么一套制度，但是在稍低一些的层级就没有了。由于当前的领导工作出现了管理层级下移的趋势，中低层级的继任制度将会变得越来越重要。

如果工作环境中的各种关系不是很复杂，这些领导、权力和影响力问题也就不那么重要和相对简单。但是，那个关系简单的时代已经一去不复返了。在可以预见的未来，企业中将出现更多的差异性和互赖关系，工作中的权力和领导问题将会变得更加关键和重要。我很担心我们是否为此做好了充分准备。

5

并不是所有人都同意上述结论。在过去几年间，当我与人们讨论这些问题时，主要有三种反对声音。在这里我简要介绍一下他们的观点，然后说明为什么我认为它们是错误的。

第一种反对意见认为：多样性和互赖性问题可以通过大规模降低社会复杂程度来得到解决。有些人提出要简化组织结构，给人们更大的自主空间和更多的权力（authority）。另外一些人则认为应该缩小组织规模，回过头来重新使用简单的技术以及减少国际客户的数量。简而言之，从根本上降低多样性和互赖性。

这种逻辑推理有两个问题。第一，它没有意识到社会复杂性的内在好处。减少冲突也意味着创造、创新和灵活性的减少。第二，这种论点忽视了逆转上章所述诸多趋势的难度。这些带来更多社会复杂性的趋势，常常是我们无法控制的一些外部强大力量的产物。

当然，现实中确实存在一些不必要的互赖关系和有害的多样性，我们可以而且应该清除它们。有些企业中的部分复杂关系是历史原因或前任领导造成的，这些已经不适应当前的需要了。我知道有些公司通过剥离不相关的产品系列、废除过时的制度和流程以及创建半独立性的事业部，使它们的管理得到了加强。但是，这些务实的变革并不能大幅度地减少工作环境中的复杂性。这些公司的核心管理层仍然需要掌握本章前面所提到的那些领导能力。

第二种反对意见承认出现社会复杂性的必然性及其好处。但是这种观点认为：权力和领导技巧并不是真正的解决方案。他们认为，我们需要做的只是把传统管理教育中讲的问题解决方法应用于实践。只要做到了这一点，自然就会出现“理性的”决策。持有这种论点的人常常责备那些容忍“公司政治”行为的管理者。

这种分析至少存在两个问题。第一，所有企业（除了最小的企业之外）的最高管理层都无法做到让所有的决策过程都完全理性。所以其中涉及了很多人和很多决策，因此相关问题十分复杂。即便是在企业内强行推广理性决策，管理教育所讲的理性决策方法也不适用于所有情况。这些方法强调公开讨论相关问题、对可选择的方案进行逻辑分析等，但这些都需要时间，而且往往需要很长时间。每天忙于处理各种互赖关系的领导者，往往没有足够的时间来使用这些方法。第二，这些方法还要求所有的决策参与者都能通力合作，这项要求在教室或者实验室（相关理论正是在这些地方研究出来的）里比较容易实现，但是在现实中，如果参与决策的各方在目标、利益、背景和观点上有很大不同时，这个条件就很难实现了。

前两种反对意见基本上都是幼稚者的观点。第三种反对意见则是玩世不恭者提出来的。他们认同社会复杂性难以消除，但他们认为我们实际上根本不可能有效管理这些复杂关系。局面混乱、权力斗争、本位主义是公司的常态，我们只能接受这种事实。他们会认为作者建议的“圆熟做法”很重要，但管理者不需要它们。他们需要的是武装自己，把办公室变成一个堡垒，为生存而战。

凡是在优秀企业里工作过的人都知道：这种反对意见毫无根据。这些企业就是活生生的证据：只要管理得当，社会复杂性不会变成相互斗争。正好相反，它可以带来技术突破、创新型的产品和服务、良好的投资回报以及和谐的工作环境。

还有其他一些反对意见，但上述三种比较典型。在你阅读后面的章节时，你可以做出自己的判断，看看上述观点是否有道理。

6

要成功地做到本章总结的领导要点，怎么说都不是一件容易的事情。肯定要付出一定的代价。但是收益也会非常大，理性的人都会选择这种“投资”方案。

在个人层面上，有效地用好社会复杂性意味着把沮丧、无能和冷漠的感觉转换成一种重视能力与成效的主动意识，这使我们的大部分工作时间变得更有意思、令人兴奋和有趣，我们也会有更高的工作满意度，对某些人来说，还可以获得更高的事业成就。

在企业层面上，这就意味着把官僚内讧、破坏性的公司政治以及毫无意义的权力斗争转换成创造性的、能增加产出的活动。从某种意义上说，这就意味着创造一种环境，使想超越自身的企业真正做到卓越。

在社会层面上，由于复杂组织之间是一种高度的互赖关系，因此有效地用好社会复杂性也就意味着我们会有更好的生活质量。

第二篇

工作中的关系

POWER AND INFLUENCE

第4章

权力管辖范围之外的关系

在没有正式授权的情况下消除抵触，取得合作

▼

专业技术工作中的权力倒挂现象大多与权力管辖范围之外的人员有关，在很多管理工作中也存在这种情况。对于管理工作而言，个人的工作绩效除了要依赖他们的上司和下属以外，还要依赖另外一些人，而管理者对这些人并没有多少正式的控制权。这种情况又因为许多其他因素的影响而变得愈加复杂，这些因素包括：管理工作可能涉及大量的横向关系；相关各方可能在地理上很分散；各方在目标和理念上存在很大分歧；甚至对哪些是重要的横向关系都有不同看法等。这些因素和其他因素一起，使管理权力范围之外的人员成为一项十

分艰难的领导工作，同时它也是一项十分重要的领导工作。[1]

1

由于横向关系处理不好，每天都会导致一些好点子得不到重视，具体数字不好估计。但这个数字一定不会小，相关人士也会因此而感受到极大的挫败感。

这方面的一个典型例子是加州硅谷北部某公司的一位年轻程序员杰里·卡特勒（Jerry Cutler）。他是在35岁时遇到这个问题的，当时他已经在公司服务了四年。虽然他没有大学文凭，但在公司里却是一位受人尊重、薪酬丰厚的技术专家。

杰里将公司生产的某种设备应用于医学的念头最初萌发于1978年，那时他的岳母生病住院六个月。在这半年里，他和妻子每周都会去医院探望两三次。他和护士与医生的随意闲谈最终导致他认真研究能否将新兴技术应用于医疗领域以便满足相关需求，新技术的成本仅为当时通行治疗方法的几分之一。

受这些谈话的启发，杰里在1978年秋向其上司以及上司的上司建议就此重要事件进行会谈。在会议上，他向上司汇报了最近在医院的所见所闻，然后展示了他刚刚草拟的关于一种新型医疗设备的技术说明书。该设备实际上是对公司现有产品的一种巧妙改进，当时公司的这种产品并无医学用途。

杰里的报告给上司们留下了很深的印象，他们很欣赏杰里的点子和激情。于是在一周之后，他们同意让杰里在其后的两个月内用一半的时间来与工程人员、营销人员和生产人员通力合作以便开发出新产品样机，并对其经济可行性进行财务分析。

杰里带着多年未有的热情投入了这一项目的开发工作。最初，一切都出乎意料地顺利，他成功地让公司内对此产品感兴趣的人加入了项目团队。此外，最初的市场调查也表明该市场利润丰厚，因为没有竞争性产品。

但是好景不长，很快杰里就碰到了麻烦。一开始都是些小问题，但这些问题令他恼火并且花掉了不少时间。例如，杰里要求付给一个高中生邻居 50 美元报酬，因为他前后花了 12 小时帮助杰里在地下室干金属加工活，但这一请求被财务部工资处驳回，理由是“根据公司政策，这类请求必须要先征得公司七级以上管理人员的签字同意才行”。杰里花了几乎半天的时间和财务部争论，却一无所获，最后只能求助于上司来帮忙，但是上司对此很不高兴。

项目开始一个月之后，问题变得愈发严重。一个星期二的下午，工程部的一位负责人给杰里打电话，说参加此研究项目的工程师在这上面花费的时间“太多了”。他被告知此人“还有其他重要工作，并且时间很紧，所以很遗憾不能让他继续参与研究了”。工程部另派了一个资历较浅的工程师来帮助杰里，但一周最多只能在他这儿工作 5 小时。杰里抱怨工作失去了连贯性，新人缺乏经验不说，每周的工作时间又那么短，这严重影响了项目的顺利进行。工程部经理说他很抱歉，爱莫能助。

杰里立即向上司诉苦，而上司也生气地批评杰里在该项目上花费的时间太多，他指责杰里耽误了其他工作。杰里的郁闷可想而知。

第二天，情况变得愈发糟糕。上午 10 点半杰里接到一个电话，告诉他生产部负责该项目新产品成本核算的人正在纽约处理下属工厂中发生的一起小事故，打电话的人不知道此人什么时候回来，也不知道他在杰里的项目中做到了什么程度。杰里想到上司那里寻求帮助，但又意识到这不是什么好办法。

三天之后又发生了另外一件事，也是灾难性的事件。那天下午 4 点，杰里的上司通知他营销部门有人根据最新销售数据重新做了市场潜力分析，市场规模的最新预测只是原先预计的 1/5。根据这一最新情况，杰里的上司告诉他必须停止这项研究，他们还有更重要的工作，“对不起”。

杰里愤怒了。在这个项目上投入了如此多的时间和精力之后，他已经很理智地认识到这个项目十分重要，而且从感情上也无法割舍它。他不知道为什么公司会如此愚蠢，自己是否应当继续为如此愚蠢的公司工作。

下午4点45分，杰里辞职回家。第二天，上司给他打了两三次电话，他都没有接。他花了一个星期才让自己平息了愤怒，六周后他找到了一份新工作。

在他开始新工作不久，他接到一个在原先公司搞程序开发的朋友的电话。这个朋友向他透露了公司内部流传的一个消息：销售部的一个主管在杰里项目中止前三周知道了这个项目，据说这位主管很不喜欢这个点子，主要原因是销售这种设备需要熟悉医院和医疗设备采购流程，而这正是销售部门的弱项。所以——依然是据传闻，他让一名部下炮制了一些很不乐观的市场前景数据，并将其上报给营销部负责人，这位负责人也是他的一个好朋友，市场报告中还附了一张纸条，上面写道：“为什么我们要在这样一个项目上浪费精力？”

得知这一类事情之后，幼稚的人通常会对该事件主角身边之人的心胸狭窄、目光短浅和本位主义做法感到愤怒，他们把杰里之类的人看成英雄和受害者。玩世不恭的人则会把杰里当作傻瓜，因为在这些人看来，人们做事总是以自我为中心的，从一开始就可以预见到该项目必定失败，发起这个项目的杰里真是一个傻瓜。

事实上，杰里之类的人既非傻瓜，亦非英雄。他们有技术敢创新，但缺乏社会经验。这方面的欠缺往往会让他们陷入麻烦。

杰里工作的特点是主要靠自己，与其他部门的人没有多少联系，基本上是一种由个人独立完成的工作。但他引入的项目则需要大量重要的横向依赖关系，仅凭杰里一个人是无法完成的，他必须依靠工程人员、营销人员、生产人员和财务人员的帮助，而杰里对这些人没有正式的领导权。此外，他还需要得到另外一些能导致项目夭折的高级管理人员的协助。

在这类情况下，非常重要的是你要对工作中的相互关系有所认识，并且积极主动地去处理好这些关系。杰里没有做到这一点，相反，他将自己的时间和精力都用在了新产品原型的开发上，他认为这才是“他该做的事情”。

在此类情形中，真正应该做的事情是领导工作，具体包括：

- 确认哪些是重要的横向关系，包括那些很微妙的、难以察觉的横向关系（换言之，就是弄清楚要领导谁）。
- 对这些人中谁有可能抵制合作、原因所在以及抵制的程度要有一个预估（即对何处需要加强领导做到心中有数）。

- 尽可能地和这些人建立良好关系，通过采取沟通、教育和谈判等方式来减少或者克服大部分阻力（即运用领导工具）。
- 在做不到第三条时，就要精心选择和采取更加巧妙、更强有力的办法来对付抵制行为（在领导时要勇于面对困难）。

本章后面几个部分将详细讨论这四个步骤。

2

如果一项工作中存在复杂的横向关系，要想做到高效领导，首先是要能够敏锐地察觉这些关系是什么。乍一听这似乎很容易，但往往并非如此。由于种种原因，横向关系往往很难察觉。与上下级关系不同，在组织结构图或工作说明中很少会标明各种横向关系。此外，与权力控制范围内的各种关系相比，横向关系具有更大的不稳定性和多变性。实际上，工作中的依赖关系主要受从业人员的目标、价值观和规划的影响，一旦这些因素有所变动，依赖关系也会随之而变。这就意味着每一项新任务都会带来新的横向关系，即便是同一项任务，工作方向的重大改变也会带来新的横向关系。

横向关系难以察觉的一个原因是这些关系是一系列复杂的、难以预测的行为的结果。经理人员、专业人士和技术专家所从事的工作是多面性的、非常规的。所以，要在项目初始就知道结果如何以及会用到哪些横向关系常常是很困难的。

解决这个问题首先需要不断地观察未来可能需要哪些合作关系，这又要求对工作的进度、要完成的工作任务、有效负责地完成这些任务需要哪些人的配合以及谁会对此采取抵制态度等有着敏锐的感觉。因为一个人对未来局势发展不可能有全面准确的预测，所以解决这些横向关系问题需要十分慎重，不要在不经意间得罪那些将来你可能要与之合作的人。

现在，拥有这种敏锐感觉的人实在是太少了。杰里就缺乏这种敏感性。年轻人往往不注意这些事情，因此他们经常遇上麻烦。

下面这个例子是美国某著名咨询公司的一位年轻咨询顾问的经历。他当时研究生刚毕业，成绩优异，无论从什么角度看都是一个非常聪明、很有抱负、工作勤奋的青年。他刚刚接手一项任务，帮助一家小型制造企业做出投资决策：应该把有限的资金投向哪个产品系列。对于该咨询公司来说这只是一个小项目（总的咨询费用估计不到 15 000 美元），于是一位高级咨询顾问将整个项目都交给了这个年轻人，并明确要求他按预算尽快完成任务。

这位年轻的咨询顾问怀着极大的热情接受了这项任务，因为这是他第一次独立负责一个项目。他将这个项目视为展示自己的咨询能力、为本公司赢得利润、帮助客户企业发展的绝好机会。

在他去客户企业的第一天，客户企业的总裁召集了大部分经理开会，向他介绍情况。总裁谈了自己对于关键资源分配的看法并鼓励大家各抒己见。这个年轻的咨询顾问很清楚自己是这间会议室中最年轻的一员，于是极尽所能表达出自己对这个问题的理解和自己在这个领域的专业知识。在他看来，这次会议进行得很顺利，只是其间发生了一件稍微有点意外的事，但这件事也成了他展示自己专业能力的机会。

会议大约进行到 2/3 的时候，一个穿着一件皱巴巴棕色西服的小个子男人从后排站起来首次发言，他问了一个含糊不清的很长的问题，这个问题表明他没有弄明白刚才咨询顾问的分析。这位咨询顾问不想浪费时间给这个男人补课，于是便把话题岔开了。但那个男人却不肯罢休，又提了一个问题，于是这位咨询顾问便用自己的口才和机智使其安分下来，这一招很灵，几乎所有的人（除了那个男人）都笑了起来，那个穿皱巴巴棕色西服的小个子只好闷声不吭。

会议之后，这位咨询顾问分别和公司的一些高层经理会面并很快得出结论：该项目的关键是弄清每个产品系列的实际成本。之后他就去找主管财务的副总裁，得知他所需要的大部分历史数据都没有存在计算机里，而是以不同方式存在于各种档案中，这些档案又散乱分布于财务部和整个工厂之中。到了下午 4 点钟，咨询顾问越来越焦急，很明显主管财务的副总和他的助手们都不知道相关档案是以什么方式建立的，甚至不知道它们现存于何处。

眼看该咨询项目要严重超出预算，这个年轻人心急如焚。最后财务副总想起来有个下属是“公司里肯定知道在哪儿可以找到这些档案的人”，这让他多少有了点头绪。他被迅速带到财务部后面的一个小房间里，进去后他看见了一个人，正是那个穿皱巴巴棕色西服的小个子男人。

从某种程度上来说，这个年轻人的运气的确不大好，但该事件及其不利后果本来完全是可以避免的。他事先就知道这项咨询工作需要进行数据搜集，也知道他所需要的一些最重要的数据掌握在客户企业的管理人员手中。事先他并不清楚哪个经理负责这方面的工作，但他应该知道在没有摸清楚情况之前谁也不能得罪。他完全可以避免得罪那位经理，这样就能够顺利完成任务，他只需要这样说：“这个问题很有意思，我恐怕得花一些时间才能给你一个满意的答复。我很乐意现在就回答，或者在会后找个时间单独与提问的先生谈谈，你们大家认为哪个选择较好？”

这个年轻人之所以那么做，原因和杰里一样，他把自己的“工作”看成专业工作，他是一个专家，只需要搜集数据、分析数据并得出相关结论。他并没有从人际关系的角度看待自己的工作，或者说他没有意识到自己的工作需要领导技能，为此他付出了不小的代价（那个小个子男人的问题不过是无法记住这位咨询顾问所说的某些重要事实！）。

像这样的问题大都是可以避免的，但是这需要你能够经常思考下列问题：

- 我想实现的工作目标是什么？我未来的事业远景是什么？
- 今年我需要完成的主要任务是什么？这个月、这星期、今天所要完成的主要任务又是什么？
- 在每一项任务中，与谁的合作是必不可少的？可能会用到与谁的合作？
- 谁的服从是必需的？换句话说，谁有可能阻碍或耽误这些任务的完成？还可能需要谁的服从？

企业和政府中的高效领导者会自觉地思考这些问题。政府官员对这些问题更是特别敏感，因为他们需要处理大量的横向关系。但是除此之外的大部分人在这方面的能力还亟待提高。

3

一旦准确地找出了相关的横向关系，对于领导者来说第二步则是弄清楚哪些人可能抵制合作、原因何在以及抵制的程度如何。

很多原因都会导致有些人（甚至是非常通情达理的人）不愿意像我们期望的那样进行合作，哪怕我们认为合作会导致双赢的结局。[2] 人们不愿合作是因为他们有不同的工作重点，或者是因为他们的时间和资源很有限，无法兼顾所有的事情（包括帮助我们）；还可能是因为他们能力有限，难以达到我们的要求。他们抵制合作是因为对于全力帮助所需要的时间和精力有不同的判断。他们不愿意合作是因为他们不知道我们到底要什么。他们抵制合作是因为他们不信任我们。他们冷脸相待（就像那个穿着皱巴巴棕色西服的男人）是因为对我们存有怨气。而最重要的原因可能是他们对参与合作所能获得的利益与我们有不同的看法，他们担心在合作过程中自己的利益会受到损失。

上述列举的人们抵制合作的原因归根到底是人们之间的多样性造成的。人们在利益关系、能力、工作重点以及形势判断等方面的重大差异常常会导致冲突而不是合作。在横向关系中，各方的分歧可能会很大，肯定要比上下级之间的分歧大。例如，一个财务部的中级雇员在某项目合作中要对一个研发部的中层经理负责，他们在目标、价值观和理念上的差异比他们与各自的直接上司的差别要大。如果横向关系还涉及外部人士，如全国工会领导、政府官员和媒体人士，这种差异可能会更大。

对这些差异进行系统性分析是横向关系管理的核心工作。但是在大多数情况下，人们并不能对自己所处的环境进行客观现实的分析，而只是进行幼稚（自认为分歧很小，大家都愿意合作）或玩世不恭（自认为分歧巨大，没有人愿意合作）的推测。特别是年轻人，他们常常以为在同一家企业工作的人员当中没有或者不应该有什么差异。他们认为大家的利益都是高度一致的，一旦发现同事的想法和他们不一样，或者不按他们心目中的最佳方式做事，他们就会感到很意外和愤怒。在和其他部门的职员意见不统一时，他们往往认定对方能力太差或顽固不化，他们对导致分歧的诸多因素视而不见，也不知道企业的各部门之间很容易发生冲突。

为了说明这个问题及其根源，我在教学中经常使用Corning Glass公司（以下简称Corning公司）的电子产品事业部的例子。[3] 该事业部是Corning公司旗下九个事业部中的一员，主要为几个市场提供无源电子器件。[㊀]1968年夏天，这个事业部的所有部门都卷入了一场内讧，人们相互指责。产品开发部对营销部大为不满，认为他们没有提供新产品的详细技术要求；对销售部也很不满，认为他们没有提供消费者对新产品的反馈意见。一方面，生产部认为销售部只关心销售量，不惜“以牺牲工厂的利益来迁就销售商”。而且，生产部也“不信任营销部的人”，认为营销人员“缺乏准确预测市场变动趋势的能力”。另一方面，营销部认为生产部“保守、不愿意承担风险”，他们对生产部“缺乏合作意识和无休止的诽谤”非常愤怒。营销部对产品开发部也有怨言，认为开发部的人行动缓慢，不能及时响应营销人员的要求。最后，销售部认为营销部的人员都“不称职”。销售部有

㊀ 无源电子器件（passive electronic）是指不经过电域处理，直接把信息从一个光波长转换到另一个波长的器件。——译者注

时甚至在电话里就对生产部的人员大喊大叫，指责生产部对顾客的服务要求置之不理。

在此类案例中，要想进行有效的领导，关键是要弄清楚人员间的差异性如何导致了内部冲突，以及哪些重要的正式及非正式因素导致了这些差异性。首先我们要认识到 Corning 公司这个事业部各个部门之间的差异是由其组织结构造成的。当只要求员工完成销售额（产量或者其他指标）时，他们自然会更加关注与该指标相关的要求和问题，对与其他指标相关的问题就不那么在意了。其次，正式的考核与激励制度给各部门规定了不同的目标。销售部的考核指标是销售量，生产部的指标是毛利（工厂是利润中心），营销部的指标是市场的增长和利润率。再次，专业化的选拔和晋升制度使得每个部门的员工特点都与其他部门有很大差异。最后，由于这个事业部已经存在很多年了，各个部门由于受到各自承担的任务、分工安排和关键领导人物的影响，已经形成了自己特有的部门文化。

在本案例中，该事业部的业务与公司的传统业务有所不同，这就使得整个情况变得更为复杂。由于存在此种差异，事业部的一些人员认为公司管理层并不理解他们的处境，公司要求事业部做的一些事情（例如采用某种考核制度）也并不符合该事业部的实际情况。

幼稚的人对这些差异和潜在的强大影响力视而不见，他们常常认为：在这种案例中要想争取人们的合作，只要发表一次“为吉帕赢一个球”[一]的优秀演讲就可以了。玩世不恭的人则常常认为可以通过私下交易来解决冲突。在这个案例中，Corning公司的高级主管可以证实，现实生活实际上要复杂得多，他们竭尽全力花了三年时间才使这个复杂难题略有缓解。

在表面上看各方差异很大时，几乎截然相反的情形，即低估共同的利益常常会出现。这时，对形成差异的原因的错误分析将会导致把对方看作“敌人”，认为相互之间几乎没有什么共同利益。最能说明这个问题的例子就是现在越来越常见的经理或专业人员和第三方——主要

[一] “为吉帕赢一个球”（Win one for the Gipper），这是美国橄榄球队里很流行的一句话。1928年教练克努特·罗克尼（Knute Rockne）带领的圣母队在比赛中失利，面对强敌当前、队员带伤的局面，罗克尼知道不可能靠技术和体力取胜，唯一的出路是给予精神上的激励。他向队员们讲了一个故事：他执教过的最伟大球员名叫乔治·吉帕（George Gipper），在1920年赛季的最后一场比赛中染上了脓毒性咽炎，年底以不足25岁的年纪去世。吉帕在病中给罗克尼的遗言是，如果将来他带的队遇到了极大的困难、情形已近乎绝望，就告诉队员要拼尽全力“为吉帕赢一个球”。吉帕的遗言是否果真如此尚不可知，但罗克尼无疑是个讲故事的天才，所有的队员都哭了，静默片刻之后他们全体冲出更衣室，杀气腾腾，在比赛中喊着“这个球是给吉帕的”横扫全场，没有留给对手任何机会。1940年拍摄了关于罗克尼生平的影片，罗纳德·里根饰演吉帕，这句话也因此风行美国。——译者注

是政府和媒体之间的横向关系，第三方的主要作用是协调公司与社会公众之间的关系。由于相关各方的观点和目标看起来有很大差别，每一方都会认为对方动机不纯、自私自利（这一点具有讽刺意义），于是就产生了敌对关系，这种关系对相关各方都毫无裨益。[4]

的确，当媒体向数以百万计的受众发布批评性的、不尽真实的报道时，经理和媒体的敌对关系会严重伤害经理所在的公司，甚至会使经理本人的声誉和公司的销售量受到严重影响。我和许多有过此类经历的企业界人士交流过，他们都说当时有种“被火烧灼”的感觉。同时，这种敌对关系也会伤害媒体自身。记者们需要信息，这是他们的立身之本。由于和企业界关系紧张，他们有时很难获得企业的内幕消息。我认识的大多数记者都曾抱怨过很难撬开商界人士的嘴巴，而这又浪费了他们大量时间，使得报道数量下滑，进而危及他们的声誉（因为他们不得不根据有限的信息做出报道，这些报道不可能完全准确）。

相反，我认识的那些能够妥善处理媒体关系的企业界人士，以及我见过的那些最成功的商业媒体记者，看上去都对企业界与媒体界的差异和双方的共同利益所在有着十分敏锐的认识。他们用共同利益来指导自己的行动，利用对差异的了解来预测什么时候可能出现抵制行为和冲突。在抵制行为不能完全避免时，他们会小心谨慎地估计对方的抵制程度。这实际上就是在评估对方的影响力。

正确评估对方的影响力是一种重要的领导技能，因为在现代组织中，领导职位本身（一个人在企业层级中的位置）不过是权力的基础之一。其他重要的权力基础还包括重要信息和对信息渠道的控制；对有形的资源（如资金、机器设备和人力）的掌控；能体现个人某方面特长的工作履历；个人的特质，例如精力旺盛、才智过人和处理人际关系的圆熟技巧；以及和重要人物保持良好关系。[5] 在具体管理情境中，任意一个权力基础都可能很重要，它们都可能成为一个人强烈抵制合作的诱因。

多年来，我目睹过几百个这样的例子，一些才能出众的人由于对自己横向依赖的那些人的抵制行为及抵制程度估计不足，结果既耽误了自己也耽误了公司。在相关案例中，我看到了新产品开发失败、工作生活质量计划[㊀]无法实施、新的管理信息系统无法建立、结构重组无法进行、并购无法开展等。同时我也目睹了许多历经辛苦最后成功的例子，尽管开始时强大的利益集团进行抵

㊀ 工作生活质量计划（quality-of-work-life programs），是指在某一个组织中，所有人员通过与组织目标相适应的公开的交流渠道，有权影响、决策、改善自己的工作，进而使人们产生更多的参与感、更高的工作满意度和更少的精神压力的过程。——译者注

制，但由于领导者准确地预见到了在哪些环节可能出现严重问题，最终克服困难，获得了成功。源自强大的个人或利益集团的抵制行为并非总是能够扼杀创新性的好产品或好项目。但是要做到这一点，必须事先准确地预见到一切可能发生的问题。

4

在对哪些横向关系可能产生问题有了敏锐的感觉之后，高效领导者下一步要做的就是选择和实施能够消除或克服这些问题的策略。

经理们、专业人士和技术专家在这方面最经常用的策略就是建立关系，也就是说，与相关各方建立私人关系，而后利用这种关系进行沟通、教育或谈判，以便减少或克服大部分的合作阻力。

有很多方法都可以用于建立和保持良好的工作关系，最常用的一种方法就是设身处地替对方着想，满足对方的部分愿望和要求。当你这样做了一段时间之后，对方自然会开始信任你，更加认真地倾听你的观点和建议，通常愿意用满足你的要求来作为回报。

如果有足够的时间和充分的接触，大部分人都可以和那些必须与之合作、自己没有直接管辖权的人建立良好的工作关系。但是在今天的企业中，我们面临的最大挑战是没有足够的时间进行充分的接触，这也是杰里的问题所在。如果他有时间去和工程部、生产部、营销部以及财务部的相关人员接触，并与之建立良好的工作关系，他本可以在新产品研发项目上取得成功。但是以下三种因素都使他做不到这一点：时间紧迫、牵涉的人员众多、有些人的工作地点和杰里相距较远。

这种问题在销售工作中尤为常见，不妨以医药公司的销售人员为例。[6] 与其他行业的销售人员一样，医药公司的销售人员通常也是各自负责不同的区域，他们负责拜访当地的医生，使医生愿意在开药方时用自己的产品，并通过联系药店和批发商，使患者能够买到自己的产品。虽然销售人员所负责的区域大小会因为公司规模和其他因素而有很大差别，但一位处方药的销售员负责联系的医生和批发商总数达到200是很常见的（他可能要联系上千家药店）。一般来说这些客户都很忙。由于要看很多病人，医生愿意给医药公司销售员的时间只有5～10分钟，批发商经常每周接待上百个销售员，也不愿意在每个人身上花太多时间。

在这种情况下，销售员发现自己的主要时间都花在从一个客户赶往另一个客户的路上，或者是在客户那里忍受难熬的等待。在奔波与等待之间，他们也许有5～10

分钟的时间来说服客户使用公司的产品，这些客户可能每个月只会给他们区区几分钟的接待时间，而且客户常常对“推销员”怀有戒心。

应对这类状况需要进行缜密的思考、计划和组织。几年前，PBS 电视台㊀首播的一部纪录片《比尔·莫耶斯的日记》(*Bill Moyers' Journal*) 就是一个很好的例子。[7] 该片的主角是大通银行的董事会主席大卫·洛克菲勒（David Rockfeller)。莫耶斯和一个摄制组陪同洛克菲勒去欧洲进行了一次重要的商务旅行。在为期仅两周的旅行中，洛克菲勒要与数百人会面和交谈，他需要得到这些人不同方式的帮助和合作，以便履行好自己作为大通银行 CEO㊁的职责。

为了帮助他在这么短的时间里与各个地方的众多人物搞好关系，洛克菲勒及其随行人员做了以下几件事：首先，在这次旅行之前他们用了近一年的时间策划此次活动，并且花了很大的功夫来确保洛克菲勒能够在恰当的时间和地点、在最佳的环境氛围（这有助于合作的开展）中与恰当的人会面。因此，他们把洛克菲勒的行程安排得非常缜密周全。

㊀ PBS（Public Broadcasting Service)，美国公共广播电视公司。——译者注

㊁ 国外的董事会主席和 CEO 通常是一个人兼任，但近年来有日益分开的趋势。——译者注

与此同时，他们还精心为洛克菲勒准备了一套书，每一本都会介绍一个所要访问的国家，书里提供了他以前见过、这次又要见面的人员名单及相关信息，包括他们上次会面的时间与地点。这样，洛克菲勒在访问某国之前就可以在飞机上阅读相应的图书。通过这种方式，他可以重温和掌握相关信息，从而帮助他迅速与相关人员（有的多年未见，有的只有一面之缘）重新建立良好关系。

即便是会见素未谋面的人，洛克菲勒的随行人员似乎也能为他提供必要的信息，使他能够很容易地与那些人建立联系。洛克菲勒拥有多年的丰富经验，他也清楚地知道如何运用自己的魅力、智慧和其他个人特点迅速与陌生人结为朋友。

洛克菲勒的例子也许有点儿特殊，可是，我认识的所有成功的销售员都在用类似的技巧解决工作中的困难。幼稚的人常常会觉得这种做法不够真诚，是在利用别人；玩世不恭者则是淡然一笑，在他们看来工作中的人际交往就是这么回事。这两种人都没有抓住要害，他们没有看到只是在某些情形下——并非所有情形，才需要进行这种周密的计划和安排来协调各方关系。

例如，在工作中只有少量的横向关系、人们之间的差异性很小、都是在同一座大楼里工作时，这种策略就完全不合适了。在这种情况下，采用这种做法才真正是虚伪和利用他人，这种选择毫无必要。但是，对于我们前面谈过的销售工作或类似情形而言，洛克菲勒采取的策略才是高效领导人应该做的，这种做法表明：对于工作中的横向关系，管理者是用现实主义的态度去适应环境。

5

良好的人际关系加上有效的沟通能够帮助人们克服横向关系中的大部分抵制行为，但并非全部。在有些工作中，横向关系结构可能会导致一方对另一方采取强硬的甚至顽固的抵制态度。在这种情况下，我们有时候需要采用更复杂或更强有力的方法，尽管这种做法有一定的风险。

我们以通用磨坊公司（General Mills）或通用食品公司（General Foods）产品经理的工作为例来说明这一点。[8] 产品经理主要负责某个产品系列的收入和效益。这样的职责安排使得产品经理必须依赖从事产品制造、广告策划、销售和送货等工作的员工，这些员工常常数以千计，但没有一个是他可以直接管理的，相反，这些人分属不同的部门甚至不同的公司。例如，产品制造人员隶属于一个大的生产企业，销售人员则隶属于一家独立的销售公司，产品经理对他们没有任何正式的指挥权。

另外两个因素使得产品经理所面对的横向关系进一步复杂化了。第一个因素是那些生产、销售和配送人员不只负责属于他的产品系列，因此他们通常不会听从产品经理的要求去优先考虑他的产品系列。第二个因素是这些人的工作地点通常和他相距很远，因此他不可能在办公场所与他们有很多日常交流。

在这种情况下，产品经理必须面对横向关系所带来的许多棘手问题：如何使遍布全国的、不归你直接管辖的数百名销售人员愿意投入时间去为你的某个产品非常到位地搞一次新的促销活动，要知道，这种产品只是他们手中50种产品中的一种？如何使生产经理在给你的产品分配生产费用时做到公平合理而非无意间忽视了它们？如何使周旋于众多客户间的广告公司经理对你特别关照，使你的下一个电视广告片合情合理又不致惹人生厌？

在大部分时间里，一个好的产品经理就应该能够通过前面介绍过的人际关系拓展和沟通技巧来解决上述问题。但是，偶尔也会出现强烈的冲突和顽固的抵制行为，这时我们还需要求助于其他方法。

在一个案例中，一位产品经理就遇到了生产经理对他的强烈抵制。按照公司的正常程序，所有的新产品计划都要经过很多人（包括相关的生产经理）的“签字”同意。这位产品经理有一项他非常得意的新产品计划，并且得到了除这位生产经理以外所有其他人的签字支持。他坚信这个新产品能够给相关各方带来最佳利益，包括自己、公司、那位生产经理和顾客。但是，在和生产经理进行了多次讨论之后，他发现根本无法说服对方，生产经理对新产品的优点视而不见，至少在有限的时间内他无法说服对方（他确实认为如果能够有更多的时间，他是可以扫除这一障碍的）。根本问题在于该生产经理曾经在另一家工厂待过，在生产一种类似产品时遇到过很大麻烦，因此这样的计划一提出来，他几乎是本能地加以反对。

为了打消该生产经理在感情上对这项计划的抵制，产品经理找到了一个解决办法，并成功地付诸实施。首先，他找到一个该生产经理极为尊重的人转送了两份对该计划非常有利的市场研究报告，并附上一张条子（上面写着如下的话）：“你看过这些报告了吗？它们让我很震撼，我不知道自己是不是应该相信这两份报告，不过……”然后，产品经理又从公司最大的客户那里请来了一位代表，给该生产经理打了一个电话，故意很随意地说他听到了一个关于新产品计划的传言，并表示“希望像以往那样见见这些准备搞新产品的伙计”。接着，在一次会议之前，产品经理安排两名工业工程师有意站在该生产经理附近谈论新产品的试验结果如何之好。此后他又召开了一次关于新产品的会议，他只邀请了该生产经理喜欢（或者尊重）的人同时也对新产品持赞成意见的人参加此次会议。会议过后的第二天，他去请生产经理在新产品计划书上签字，他居然签了！

这种做法很明显是在利用别人，至少在大部分人眼中是这样，而且这种做法是有风险的。一旦生产经理发现他被“戏弄”了，他很有可能采取强烈反应。不过在有些时候，这一点很关键，当一个人需要作为领导去解决特殊问题（类似上面的新产品开发计划）时，这种冒险是有必要的。

如果你有幸碰到了更少见的情形，那么你就会遇到更为强大的合作阻力，此时必须采用更强有力和更冒险的策略。一个很好的例子就是几年前哈罗德·麦格劳（Harold McGraw）成功地阻止了美国运通公司[㊀]的并购行为。[9]

当时，美国运通公司的总裁罗杰·莫利（Roger Morley）和董事会主席詹姆斯·罗宾逊三世（James Robinson Ⅲ）

㊀ 美国运通公司（American Express）是全球旅游服务、财务及网络服务供应商，是全球知名度最高的品牌之一。——译者注

一直在虎视眈眈地搜寻可以并购的公司，最终他们发现麦格劳-希尔公司[一]是一个好的猎物。当麦格劳-希尔公司创始人的孙子、现任公司首席执行官哈罗德·麦格劳明确表示对此并购不感兴趣时，他们却不愿意放弃。在1978年年底至1979年年初期间，他们提出以每股34美元的价格收购麦格劳-希尔的股票，随后又将这一价格提升至每股40美元。

哈罗德·麦格劳被这种恶意收购行为激怒了，他坚信并购不符合公司的最大利益，于是采取了一系列反击行动。首先，他在《华尔街日报》和《纽约时报》上刊登整版的广告，指责美国运通公司的标价并购行为缺乏“诚信和企业道德”。接着他又设法让美国众议院的金融委员会介入调查美国运通公司是否可以不遵守《银行控股公司法》[二]去搞多业经营。另外，他还开始收集运通公司违反美国《反阿拉伯禁运法》的有关信息并提出起诉。他也向社会公众提出警告：一旦运通公司并购了麦格劳-

---

㊀ 麦格劳-希尔公司（McGraw-Hill）是美国著名的常春藤公司，世界500强企业之一，是国际领先的教育、信息及金融服务机构。旗下拥有包括标准普尔、麦格劳-希尔教育集团（McGraw-Hill Education）、《商业周刊》、Platts能源信息公司及麦格劳-希尔建筑信息公司（McGraw-Hill Construction）等在全球经济中备受尊重的一系列品牌。——译者注

㊁《银行控股公司法》（Bank Holding Company Art）是美国1956年通过的一部禁止商业银行和投资银行混业经营的法案。——译者注

希尔公司，公司旗下的诸多杂志有可能出现言论不独立问题。

一开始，运通公司试图让拥有大量公司股票的麦格劳家族其他成员相信此次收购对大家都有利，但未能成功。据《财富》杂志透露，身为麦格劳 - 希尔公司董事会成员之一、拥有十万股公司股票的约翰·麦格劳（John McGraw）“在公司律师的劝说下打消了出售股票的念头，律师提出的几个主要理由是：华盛顿的联邦通信委员会[㊀]就麦格劳 - 希尔公司的电视台经营许可证能否过户一事提出质疑，国会金融委员会也对并购一事提出诸多问题，这一切使得并购难以顺利通过，而麦格劳 - 希尔公司也会在长期的并购反并购过程中受到伤害”。最终，运通公司在付出了 240 万美元的代价后主动退出了。

强硬的策略无疑是有风险的，因为这会招致对方的报复。不过正如麦格劳 - 希尔案例所表明的，在有些时候必须把它作为最后的撒手锏。纵观整个历史，如果实现重要目标的唯一手段是战争时，伟大的领导人几乎总是会挑起一场大战。虽然并非经常，强权有时候是你的唯一选择。

㊀ 联邦通信委员会（Federal Communications Commission, FCC）是一个独立的美国政府机构，它直接向国会负责，根据《通信法案》成立于 1934 年，职责是规范美国各州以及美国与国际间的无线电广播、电视、有线通信、卫星和线缆通讯。——译者注

6

在大多数情况下，本章所提出的处理内外部横向关系的基本方法都是适用的。然而有时候横向关系过多，相关各方的差异过大，从而使得局面完全失控，这时候，对横向关系的管理实际上无从谈起。

在出现这种情况时，唯一现实的选择就是减少横向关系的数量或降低各方的差异化程度。如果是在企业内部，通常需要将高度专业化的、按职能分工的大单位变成独立自主、自负盈亏的小单位。美国许多大公司已经在这么做了，通常将之称作“权力下放”或“事业部制”㊀。如果是在企业外部，减少横向依赖关系的方法也有很多种。常见的两种做法是：设法使立法机关削弱政府对企业的管制权力；对于企业所要采购的重要产品或服务，尽量建立多种供应渠道。

有人认为，这些做法会使我们的工作退回到50年前的状态。这种担心是不必要的，这些做法最多不过是把一些没有出路的困难局面变得能够有效管理而已，前提是领导者称职。但是，如果没有称职的领导者，一切做法都不会有效。绝对如此。

㊀ 事业部制（divisionalization）是指按产品、经营业务或者产销地区，把公司所属厂店分成各个事业部，实行集中决策分散经营的组织形式。——译者注

第5章

下属关系

对复杂人际系统的依赖

▼

在本书中，这一章的内容（即上司和下属㊀的关系）可能是所有各章中最引人关注的。上一章研究的内容相对较少，但是，关于下属关系的著述却已经非常多了，[1]这类文章或图书通常冠以“领导学”的名目。每个管理者都知道处理好下属关系是自己工作的一部分。但是，由于人们通常对现代企业内部环境的作用认识不足（大部分传统的领导学著作不考虑这个问题），[2]他们往往幼稚地低估了有效、高效、负责任地领导下属的难度。

㊀ Subordinate，虽然此处译为下属，但实际上它的译法很多，如下级、部下等。——译者注

我认为，缺乏管理经验或管理经验不足的人常常把下属关系理解成横向关系，只不过管理者对他们拥有正式的领导权。这样，处理下属关系就很容易，因为管理者有较多的控制权。

实际上，处理下属关系的难度不亚于处理权力范围之外其他人员的关系，但是，这种困难的性质有所不同。管理者对核心下属的依赖程度通常要远远大于对权力范围之外其他人员的依赖。因此这些核心下属就会产生一些特定问题，需要你给予特别关注。此外，管理者常常发现他们与下属的相互依赖程度要远远大于和同事、外部人员的相互依赖。这就意味着管理者要高度依赖于由下属组成的复杂人际系统。如何提高这种人际系统的下属关系的质量，是管理者面临的新挑战，只有成功地应对这种挑战才能在管理工作中拥有领导力。即使对于那些经验丰富的、成功的经理人而言，这种挑战可能也是非常艰巨的。

1

美国一家大公司有一个 110 人的小型事业部，它的总经理曾经给我讲过下面这个故事。我以前多次听过不同版本的此类故事。他接手这个事业部大概 6 个月后，有迹象表明，他的一位下属（负责市场营销的副总）表现不佳，他没有按时完成他与总经理事先商定的若干工作目标。他与总经理另外两名下属的摩擦也开始变得频繁。总经理向他提出的一些必要建议，看起来他也常常不予理会。尽管当时还不大清楚这种情况会给事业部造成多大损失，但总经理已经意识到这是一个严重的问题，因为这位营销副总负责的市场营销部在他的战略规划中处于一个非常重要的位置。

在考虑解决方案时，总经理发现他需要面对许多问题。比如，这位副总的未来表现能不能做到令人满意？如果不能，是解雇他，还是在公司内换个岗位？如果解雇，到哪里去找替代人选？找到替代人选并使之进入工作状态需要花多长时间？如果总经理认为营销副总可以把工作干好，那么在绩效达标之前还要等多长时间？在此等待期间，副总的绩效不佳会带来什么影响与风险？在此期间，总经理到底应该如何帮助他，又怎样让其他副总也帮助他？

他发现从第一个问题开始，这些问题都难以回答。就第一个问题而言，显然，他很难断定这位副总能否干好这项工作。原因是多方面的：首先，该总经理在担任这项综合管理工作之前做的是财务工作，他没有干过营销，没有营销专家的“市场感觉”，他只有财务专家的

“感觉”。此外，他并不十分清楚营销副总到底需要做多少改进。在短期内，市场营销的绩效是很难评估的。而且，总经理在与营销副总交流时发现，他们对许多营销问题的看法有很大差异。营销副总认为在市场困难的情况下他干得已经很不错了，随着时间的推移他的绩效肯定会不断提高。总经理不相信这是真话，但也无法证明对方在撒谎。

如果给这位营销副总 3～12 个月的时间来提升绩效，会产生许多问题，总经理觉得风险太大。在极端情况下，如果这位副总最后失败了（总经理认为这绝对是有可能的），该事业部的整体战略就会受到牵累。而且，即使营销副总的绩效可以提高，要为他争取到足够的时间和支持也很困难。总经理已经从其他下属那里感受到了压力，他们建议对“营销问题”要“采取行动”。由于这些人的工作也与营销息息相关，他们希望尽快拿出解决方案。他们不想无所作为、耐心等待、继续与这位营销副总合作。如果强迫他们，可能会影响总经理和他们的关系，并且还会引发其他问题。

如果采取另外一种解决方案，总经理认为同样存在诸多问题。如果炒掉这位营销副总或者降级使用，总经理与市场营销人员的关系可能会趋向恶化或紧张，因为总经理知道这些人认为这位营销副总至少是称职的。此外，要找到一个替代人选也不容易，因为该事业部内并没有明显的合适人选。从外部聘请一个营销副总需要3～9个月的时间。而且总经理知道，直接从外部引入高级管理人员通常效果并不好。

如果总经理对营销人员的依赖不那么强，问题将会简单得多，因为事业部（以及总经理）的绩效就不会受很大影响。同样，如果他与营销副总的分歧不大（即工作背景相似），在问题出现时他就可以知道如何去做，并且能够说服其他营销人员他的决策是合理的。另外，如果下属之间背景相似，互相依赖的程度不高，营销问题就不会给那么多的其他人员带来种种问题，这些人就会更同情营销副总并采取较为合作的态度。

在这个案例中，总经理最终决定不解雇这位营销副总。他用5个月的时间竭尽全力帮助这位下属，但营销副总的绩效并未提升。而且，在营销部内部以及在营销部与其他部门之间出现了更多的问题和摩擦。例如，根据本单位一位市场调研专家的报告，仅产品规划部就用掉了事业部约30%的年度预算，而后发现这份报告的分析不正确。这一发现出来后，全体员工中将近半数卷入了激烈争论。在接下来的两周时间里，总经理几乎所有的时间都被用于平息这一事件带来的相互争吵与指责。

到了第 6 个月，公司总部与部分大客户也发现有些不对头。总经理面临着多重压力：他必须向上司和部分客户做出解释；他必须妥善处理日益增加的下属不满情绪，这些人希望营销副总离职；他必须解决手下员工之间越来越多的摩擦；他必须面对事业部内日益明显的“政治斗争”。最终他炒掉了这位营销副总。这位营销副总反应强烈。尽管总经理觉得自己已经做到了仁至义尽并给了营销副总改过的机会，但其内心仍隐隐作痛并感到不安（他后来对我反思说，在解雇营销副总前拖的时间过长，而且即便心意已决，他也难以下手）。

总经理决定自己先兼任营销副总，因为寻找替代人选需要 4 个月。在此期间，他每周的工作时间从通常的 60 小时增加到 70 小时以上，因为他必须安抚若干愤怒的营销人员（两人最终辞职）和几家不满的客户（一家最终将业务转给了别的公司），他必须努力缓解几十位基层员工之间的紧张关系（部分员工正在给事业部带来问题），他还要面对忧心忡忡的上级领导们（至少有一位上司认为他不称职）。

有些人可能觉得这种情况比较罕见，但实际上它很普遍。在过去 10 年间，几百位管理者在与我交流时谈到了类似问题。但给我印象最深的是，在大部分案例中，这些人都知道什么是有效的管理。与上文提到的那位总经理一样，他们都知道有效管理就是要明确你所需完成的使命，并使组织架构适应于完成这一使命。这就意味着要将适当的人放在组织架构中适当的岗位上，并且确保他们了解自己的目标和拥有完成目标所需的资源。这就要求在组织内部创建一种激励员工努力工作以及（在必要时）培养团队精神的环境和文化。有效管理还要求理顺下属之间的工作关系，消除阻碍生产率提升的紧张关系。许多著作都已经指出，有效管理既要关注人（people），也要关注事（production），不可偏废。但是，就像例子中的总经理一样，人们虽然知道有效管理的一般原则，在实际应用时却困难重重。

在某种程度上，经理们管理无方是因为综合企业的管理工作本身就有很大难度。但同样重要的是，之所以出现问题，是因为像上述总经理那样的经理人缺乏从事真正领导工作所必须具备的一项或多项核心条件。正因为如此，他们的管理显得软弱无力，不像一个领导，他们自己也发现无法做到有效管理所要求的那些东西。尽管他们想进行有效领导，却根本做不到这一点。在出现这种情况时，他们感到痛苦万分。这种情况会累及整个企业的绩效，也会影响他们个人的职业生涯。

而且，这种情况还在继续发生。

2

人们通常认为管理工作是“有权力”的岗位，因为这种工作使在位者对下属拥有一定的控制权，具体形式表现为：人员聘用权或解雇权、给下属分配预算的权力等。但人们常常忽视“硬币的另一面”：作为一个群体，下属对上司也有一定的影响力（power）。

下属对上司的影响力有多种形式，最常见的包括：

- 他们所掌握的技能难以被迅速或轻易替代。
- 他们掌握着其他人不知道的、重要的专有信息或知识。
- 他们有着良好的人际关系，责备或替换他们会招致其他人的不满。
- 某位下属的工作对于上司至关重要，因此他的绩效对于上司的绩效影响甚大。
- 某位下属的工作与其他重要工作或其他重要员工密切相关，这使得上司间接地依赖于这位下属。

尽管上司这个位置提供了对下属的正式控制权，但上述这些因素合起来就有可能使上司处于相对不利的位置。这就会产生权力倒挂现象，同时带来了上文案例中事业部总经理所经历的那些问题和两难选择。

这种情况要远比我们现在通常所认识到得更为普遍。实际上，大多数管理者都会时不时地受到中等程度的权力倒挂的侵扰。在这种情况下，你知道应当如何去做，却又不能这样做。当然，这种情形让人非常痛苦，以至于你暗地祈祷："希望他们不再顶嘴，只是执行命令……"几年前《纽约客》(*The New Yorker*)上有一幅漫画，[3]很形象地表达了人们的这种心情。在漫画中，一位中年经理人躺在安乐椅上熟睡，腿上放着一份报纸。从表情上看他正在做着好梦。他的头部上方有一个圆圈，里面就是他的梦：他端坐在美国白宫的总统办公室（Oval Office）㊀里，周围簇拥着官员大臣，正在等候他的指令。于是他做出指示："霍金斯，我命令你扫除腐败、建立新秩序。费耶迪克，你的任务是稳定货币与整体经济……本森，你要让我国和其他国家实现外交关系正常化。在此期间，福尔梅耶，你必须设法缓和我们与自由派的关系。桑代克，你也要想办法安抚保守派……"天哪，一切要是都这么容易该多好啊！

当然，做梦不会帮助管理者解决权力倒挂问题。相反，它会给管理工作带来伤害。我们需要的是对管理工作中各种依赖关系的性质及其影响进行实事求是的分析。

㊀ 美国白宫的总统办公室是椭圆形的，故得名。——译者注

例如，对于上文中的事业部总经理，在他刚上任时营销副总的问题就已经存在了。如果他能够敏锐地察觉到自己对营销副总非常依赖，就可以准确地预测出潜在的危险结果。在上任的第一个月里，他就可以采取如下措施：（1）开始寻找营销副总的替代人选或后备人选；（2）制定一套在短期内不过分倚重市场营销部门的事业部发展战略；（3）在出现问题并致使各方交恶之前，先接触那些对市场营销非常依赖的其他下属，争取让他们支持营销副总；（4）与核心营销骨干一起，制定若干明确的短期营销绩效指标，从而避免日后关于工作好坏的争执；（5）将事业部的潜在问题和他采取的措施告知上司，以免让上司在日后发现局面失控时感到吃惊。照这样做，总经理就有可能避免最终出现的许多严重问题。

这就说明，即使是像总经理这样经验丰富的管理者依然有可能高估自己的控制权和低估权力倒挂问题，这一点非常值得关注。它表明还存在一些重要的影响力量，这些力量强化了人们对管理所持有的过时的、不符合实际的理念。我们必须想方设法消除它们的影响。

3

要想做好管理工作，对周边环境明察秋毫是必要的，但只有这一点还不够。他还必须要能够根据这些信息采取相应行动，这就需要你拥有一定的权力，以便解决权力倒挂问题。

要想做到有效的领导，经理人必须要寻找其他方面的权力资源（除了其正式权力之外），并且在职业生涯初期就形成自己的影响力。也就是说，他必须拥有人际关系能力和技巧、良好的工作关系、充分的信息以及其他有形资源，还要有一份出色的工作业绩记录，所有这些都是用来补充其正式岗位权力的。在上任后最初的几个月里，经理人必须要建立足以克服权力倒挂的权力基础，其主要方式是建立更多的工作关系和获取更多的相关信息。这些方法综合起来，就能够使领导者处于强有力的地位，从而便于管理工作的顺利开展。[4]

前例中的事业部总经理之所以遇上那些困难，部分是因为他没有足以抵消权力倒挂现象的资源，同时在职业生涯初期他又没有建立必要的其他资源。他很有天赋，但因为他的职业生涯几乎完全局限在财务领域，所以他对其他部门都了解不深（包括营销部）。他和那些日常打交道的人关系很好，但因为他只在这个事业部工作了三年，并且一直从事财务工作（这种工作不需要接触太多的人），所以他和许多人都没有建立起良好、可靠的工作关系。他的履历和声誉不错，但并不是特别出色。最后一点，因为他和公司高层领导没有过硬的工作指导关系或其他特别关系，因此除了掌握该职位分内应有的权力之外，他很难争取到更多的领导支持或重要资源。

我所知道的高效管理者总是能够使自己处于强有力的领导状态，而不是像这位总经理一样位置不稳。虽然对于那些了解他们的人来说，这一点常常不是那么明显，但这些管理者通常都拥有非常好的上级和平级关系，并且他们能够很好地利用这些关系，同时对自己的工作和在企业中的角色了如指掌。与那些平庸的同事相比，他们获得了更多的优质资源——包括人力资源和财务预算。他们拥有精心打造的、不同凡响的履历和声誉。他们与部下的关系通常也很稳固，尤其是那些处于重要岗位的部下。这些关系的基础动因可分为四类：（1）对上司的责任感；（2）对上司能力的认可；（3）对上司个人的人生目标或价值观的认同；（4）只是工作上对上司的依赖。而且，他们花费了大量的时间和精力来发展和维护这些关系。

这方面有一个很好的例子，那就是施乐公司的事业部总经理雷恩·扎费洛波罗斯（Renn Zaphiropoulos）。[5] 1978 年我第一次遇见雷恩时，他领导着六七百人，从任何一个角度看，他都做得非常出色。他不仅对手下非常关心（有时候他被称作公司的心理医生），而且还能在他感到问题很严重时出色地领导员工和影响事态发展。结果他的事业部连续以30%的年增长速度发展（到我写这本书时仍然如此），从而提升了本公司在业内的技术领先地位，生产出广受欢迎的创新性产品，并且能够为不断增加的员工提供优越的工作环境。

更令人感兴趣的是雷恩运筹帷幄，工作轻松。他不像许多总经理那样一周工作70小时，正常情况下他每周工作不到40个小时并且以此为荣。他并不是每天忙着召开一个又一个解决问题的会议，而是经常悠闲地在大楼内踱步，和员工聊聊天，开开玩笑。他也不是花费大量的时间研究数据和图表，而是忙着为公司员工安排聚会。幼稚者会把扎费洛波罗斯的成功归结为放权、关注员工、人性化管理。玩世不恭者则常常无法搞懂为什么他会成功，于是他们就将其归功于“运气”。这两种观点都忽略了关键性决定因素（它使雷恩可以不必一周工作70小时而影响力依然强大），他在公司体系中所拥有的强大权力。

雷恩是维萨特克事业部（Versatec）的五位创始人之一。该事业部一直很成功，而且人们相信雷恩在其中扮演着重要的角色，因此他的履历和声誉都非常出众。这给他带来了极大的影响力；由于其工作经历不同凡响，许多下属自动地向他靠拢，愿意合作并且给予他信任。

雷恩的权力也来自人际关系。他与维萨特克的每一个职员都要定期会面，并且亲自给新雇员上培训课。他通过进行巡视和参与相关活动（比如公司聚会）来与部下保持紧密联系。在这些交往中，他设法使员工认同他和他对事业部的远景规划，并且与员工建立了牢固的私人关系，而这正是卓越领导人的共性特征。

雷恩从事业部成立起就没有离开过，并且他一直都在相关行业工作，因此他掌握着丰富的行业信息，这也是其权力的一个来源。当然，他对技术、产品和市场了如指掌。但同样重要的是，他也非常了解他的员工及其工作，知道有哪些重要的互赖关系，清楚哪些分歧有可能引发冲突。此外，他的众多私人关系也让他能够及时掌握最新的重要消息，大大扩充了他的信息渠道。

由于公司盈利良好，雷恩不仅能够操控岗位本身的权力资源，而且也能够拥有公司盈利给他带来的相关权力资源。这些资源为他提供了另外一个权力来源，使他能够影响事态的发展和顺利地解决问题。

最后一条，雷恩具备了本行业和本岗位所需要的全部技巧和能力，这些堪称无价之宝。相关技能帮助他富有成效地开发、保持和使用其他权力资源；帮助他利用相关信息资源为公司制订合理的战略方案；也帮助他把自身的关系网和权力资源转变成能够执行战略方案的团队组织，这种组织有三大特点：（1）适当的人才多样化；（2）战略导向的、相互依赖的网络结构；（3）支持组织战略的企业文化。

当然，雷恩的案例有自身特殊性，但其中也有一些共性规律。拥有足够权力才能有效地领导一个复杂组织，并且我认识的每个卓越领导者都拥有一系列强大的权力资本，我相信许多人（尤其是美国人）对此会有一种非常复杂的感情。一方面，我们喜欢享受实力派领导者所带来的成功，正是像雷恩这样的经理人消除了人们深恶痛绝的权力斗争。他们拥有强大的权力，足以塑造和强化良性的企业文化：反对本位主义，提倡团队合作；反对官僚主义，鼓励个人诚信。另一方面，出于对强权主义根深蒂固的恐惧，我们又对强势领导者感到不放心。

我认为，大部分人所面临的挑战是学会如何更好地区分哪些人只是利用权力（虽然权力很大）消除本职位所固有的权力倒挂现象，哪些人权力很大以致足以轻松操纵任何与工作相关的上下级关系。但遗憾的是，直到今天许多人还不能清楚地区分开这两类人。

4

像扎费洛波罗斯这样的卓越领导者，始终在用他们的权力来使企业上下齐心协力并朝正确的方向发展。从领导风格上看，他们能够灵活地运用不同管理方式与方法来实现这一目标，包括强硬管理、温和管理、注重实质的管理、注重形式的管理、间接管理、直接管理、参与式管理、独断式管理。他们善于巧妙地把不同的管理风格与工作的具体需要结合起来。

对于管理者而言，恰当地运用权力通常意味着在大部分时间里要采取人性化的温和管理方式，即以查询、告知和说服的方式引导员工。正强化㊀比负强化㊁要好得多。大多数受过教育的人更愿意接受“请求”而非“命令”。而且长期来看，命令的方式会伤害员工的自尊心，降低他们的工作效率，泯灭他们的个性。

但同时，在需要用命令来推动员工前进时，成功的领导者也必须要能够以强硬的方式行使其权力。我所认识的那些成功领导者，并不会因为有内疚感而心慈手软，哪怕是被迫解雇员工，这与那些平庸之辈形成了鲜明的对比。[6] 他们常常会获得一种像坦丁姆计算机公司（Tandem Computers）首席执行官吉姆·特雷

㊀ 正强化（Positive reinforcement），心理学术语，指对人或动物的某种行为给予肯定或鼓励，以使这种行为得以巩固和持续。——译者注

㊁ 负强化（Negative reinforcement），心理学术语，指用否定或者惩罚的办法使相关行为得以弱化和减少。——译者注

伯格（Jim Treyberg）那样的名声。该公司的一位董事认为：吉姆“有爱心，关心人，平时言辞友善，不过一旦到了该采取强硬措施的时候，他的态度则异常坚决，毫不含糊”。[7]

几年前，我听过一个不常见但很有启发性的强硬式管理案例。某大型制造企业的一个事业部经营绩效持续下滑。一位新的经理被派去管理这个事业部，公司要求他尽快“扭转局面”。这位经理花了几周的时间去研究总部收集的、关于该事业部当前状况的大量资料。他最终得出结论：要想扭转局面，必须对公司尽快进行大刀阔斧的改革。由于他的前任一直未能成功地对该事业部进行大的管理调整，因此他对自己的登台亮相采取了一种大胆的但自认为必要的做法。具体步骤如下：

- 去事业部之前，仅提前两小时通知相关管理人员。
- 带了四名助手和三个手提箱（内装该事业部及本行业的数据和分析报告）。
- 刚一到便召集 40 名高层经理开会。
- 简要介绍了他对形势的分析、扭转局势的决心和自己心目中的基本变革方向。
- 非常明确地指出公司目前的经营现状完全不能令人满意。

- 而后，当场解雇了四名高层经理并限令他们两小时之内离开公司。
- 他接着说，如果有谁试图阻挠他拯救公司的行动，他保证谁就不会有“好果子”吃。
- 最后，他宣布：助手将会具体安排每位经理和他见面，时间将从第二天早上七点开始。然后他就结束了这次为时仅 60 分钟的会议。

在随后极为关键的半年里，那些留在公司的经理们基本上都能积极地与他合作。

在现代企业中，卓越的管理者通常不用这些强硬的手法来施加影响，因为他们知道这些强硬的措施可能会带来一些严重的后果。无论手段多么温和，高压统治都会遭到抵制和报复。在上述案例中，这位年轻经理人的任务是“扭转局面”，他采取了很极端的方式来挽救该事业部，但他的强权领导和相关措施有可能引发经理们的集体辞职并进而导致事业部走向崩溃。实际上，他已经意识到了这样做的风险，之所以不改初衷，是因为他觉得别无选择，其他方法都不能在短期内使绝大部分员工走向合作，而这是扭转局面所必需的。与某些受过良好教育的人观念不同，他充分认识到如果运用不当，像说服之类的重要管理方式可能纯粹是在浪费时间。而且，如果人们不愿意听，说服可能是完全无效的管理方式。

直接管理法就是通过面谈、电话或信件来请求、命令、建议或说服下属去做事情。大多数有影响力的管理者每天都会花很多时间从事这些人际活动，因为这些方法通常见效快而且相对简单。[8]

管理者也可以通过一系列不同方式进行间接管理，也许最常用的间接管理办法就是会议了。通过精心挑选与会人员、地点、时间和议程，有些管理者能够非常老练地通过间接方式影响集体讨论，从而以恰如其分的方式影响少数或多个与会者。[9]从某种程度上说，几乎所有的管理者都是在用这种方式开会，因为这能够帮助他们管理下属，达到直接管理方式无法达到的目标。有些领导，例如ITT公司的前任首席执行官哈罗德·杰宁，非常善于把某些类型的会议变成其管理方式的核心组成部分。[10]

通过改变那些能够对员工产生持续影响的、基础的正式或非正式结构，上司可以更加间接地影响下属。他们可以调整正式的组织结构、引入新的薪酬体系、引进新的技术或者修订公司目标。他们甚至可以尝试改变企业文化和人际关系。总之，高效管理者这样做的目的是在部下中创造一种恰当的行为模式，使之与具体工作和工作环境相适应或相匹配。[11]

使用间接管理法时要充分考虑各种情境因素会怎样影响下属的行为。尽管这些方法见效慢而且较为复杂，但我们必须使用它们，因为它们能够取得直接管理法无法达到的效果。与面对面的一对一交流相比，间接管理法能够影响更多的人，而且能够改变人们不愿意改变的行为方式和态度。

除了强硬、温和、直接、间接的管理方法外，高效的管理者通常还要使用注重实质的管理方法和注重形式的管理方法。高效的领导者会用信息和逻辑说服人们去做事情。但是，他们也会利用办公环境、会议场所、语言、故事和其他一些具有象征意义的事物来争取员工的合作或服从。[12]他们之所以这样做，是因为他们认识到：为了影响下属的思想和感觉，上司必须要运用一些象征性的事物来使员工产生共鸣。

注重实质的管理方法要求上司利用信息来让部下相信：有些行为和他们的目标是统一的，而另外一些行为则不是，或者让他们相信某个目标是“合理的”或某个信念是“正确的”。有影响力的上司在这方面往往轻车熟路，他们知道如何高效地搜集、运用和提供有关事实及相关推论。

注重形式的管理方法则大不相同，所需的技巧也有很大差别。它很少需要推理，更多是诉诸感情。这方面的管理高手往往善于观察人们对不同词汇、图片、事件和环境的不同反应。

也许，成功经理人最常用的形式化管理方法就是“角色模型法”。也就是说，他们把自己的行为、外表着装和日程安排当成一种具有象征意义的沟通方式，并期望部下进行效仿。几年前，麦格劳 - 希尔出版公司高级管理者的决定是一个不常见但很有趣的形式化管理方法应用案例。这是一家强调增长的公司，经理们决定把原来位于纽约市“魔鬼巢穴”西 42 街一幢绿色老式建筑内的总部迁至亚美利加大道上紧邻埃克森公司的一幢大楼内。[13] 尽管新的 50 层建筑花了 8 400 万美元，但当时的 CEO 却认为这样做“很划算”。他讲了一个故事来说明为什么，就在他们刚搬过去不久，他在楼里转悠时碰上了一个正往窗外观望的出版商，这个人转过身对他说：“谢尔，与上周相比，我觉得自己的视野更加宽广了。”

最后，高效的管理者必须在有些时候采取参与式管理，有些时候采取独断式管理，另外一些时候则采取程度不同的中庸路线。[14] 在考虑下属在某项决策中的参与程度时，管理者可以将其看作一个连续的不同选择方案的集合。其中的一端是：此种战略需要一套清晰的行动计划，不需要其他人的参与，必须迅速得到实施，要运用一些强硬式的领导策略。采取这种战略的真实意图是消灭任何内部抵抗力量，并且在特殊的时候能够造成既成事实。另外一端则是：此种战略需要进行较为缓慢的改变、刚开始时行动计划并不明确、方案设计需要许多人的共同参与、要运用一些温和性领导策略。采取这种战略的真实意图是尽量减少内部阻挠因素。在决定具体情况下采取何种策略时，领导者必须至少考虑以下四方面重要因素：

- 预计会有多少抵制行为？（抵制越多，越难于克服）
- 你的职位与该项行动所需要的影响力尤其是权力相比，具体状况如何？（你的权力越小，就越应该采取缓慢的、强调参与的战略）
- 从哪儿可以得到制定改革方案所需的相关资料以及从何处寻找实施改革所需要的动力源泉？（获得改革所需的信息和对改革的认同需要时间以及员工的参与）
- 涉及哪些利益关系？（如果不改革，企业的绩效和生存将会出现很大的短期风险，那么企业就越需要采取单方面的迅速行动）

在实际的管理工作中，要根据不同的场合，将上述参与式管理、独断式管理、直接管理、间接管理、注重实质的管理、注重形式的管理、强硬管理、温和管理等方式与方法进行有机的组合。因此，最好的领导风格并不是一成不变的。[15] 迄今为止，大多数经理人在这方面还不能做到灵活运用，也就是说他们能够成功地应用那些适合他们自身个性的管理方式与方法，但并不能熟练应用所有管理方式与方法。这一点对于他们的职业生涯有着极为重要的影响。我们将在第 7 章讨论这些影响和相关问题。

5

到底什么才是高效的管理？人们对这个问题有很多不同的错误看法，并且这些观点都有很大影响。它们不仅影响着企业中没有经验的年轻人，也影响着许多才能出众、年纪较大的专业技术人才（这些人很少直接参与管理工作）。

错误观点和现实情况之间有着天壤之别（见表 5-1）。我们只有正视现实，才能让现代企业朝着我们希望的方向发展。

表 5-1

	错误观点	现实情况
工作的基本性质	管理岗位是一个有权力的职位	管理工作是一种依赖关系
工作重心	直接对上司负责的那些下属（即少数人和少量关系）	所有执行重要任务的下属（不论其职务大小，级别高低）；所有下属间的重要关系以及下属与其他人的重要关系（即很多人和大量关系）
完成工作所需的必备条件	懂得如何计划、组织、人员配备、引导、评估	掌握足够的权力以弥补工作中固有的权力倒挂现象
主要领导行为	基本的管理流程：计划、组织、人员配备、领导等	认真选择使用温和的和强硬的、直接的和间接的、注重实质的和注重形式的、共同式的和独断式的管理方式与方法，以便适应具体管理情境的需要
其他重要领导行为	没有	必须处理好所有横向关系和纵向关系

第6章

上司关系

“管理”你的上司

▼

对于管理者而言，如果不能得到关键上司的支持和帮助，也就难以真正处理好与下属以及权力范围之外其他人的关系（哪怕你对前面两章讨论的内容了如指掌）。由于上司拥有合法的权力和地位，他们在以下几个方面发挥着极为重要的作用：加强下属与组织其他成员的联系；确保下属能够获得必要的关键资源；保证下属的工作安排与组织的要求协调一致；确保根据员工的绩效给予公平的激励等。如果上司在这些方面做得不够好，下属就很难有效地发挥领导作用（如今许多工作都需要这种领导力）。

诚然，如果每位上司都能持之以恒地做到领导有方，与上司的关系就不会成为一个问题了。但是，在实践中这种情况少之又少。遗憾的是，经理们与上司的关系通常不但没有成为一种资源和支持，反而成为冲突和问题的起源。对于试图通过有效领导改善组织现状的人们而言，如何处理好与上司的关系成了新的挑战，这是一种还没有被充分认识的挑战。

1

没有人会说上司不重要，可是有很多人错误地低估了上司在帮助自己做好工作、有效发挥领导作用等方面所扮演的关键性角色。[1]

关于花旗银行的新任董事长约翰·里德（John Reed）的案例充分说明了上司的重要作用。[2] 1970年，里德开始担任银行业务部经理，这个部门主要是负责银行的公司业务（转账和支票等）。尽管当时他只有31岁，但手下管理着8 000名员工，部门预算超过1亿美元。此外，他还要面对一个大难题：尽管该部门的业务量近期以年5%的速度递增，但近10年来该部门的费用支出却以年18%的速度递增。之所以出现这种状况，是因为银行业务部至今仍在沿用几十年前制定的工作方法和程序，那时候，银行的规模还很小，环境与现在也有很大不同，因此，现在自然出现了费用完全失控的情况。成本的飙升严重影响了银行对股东、客户、内部员工做出贡献的能力，必须要对此有所举动。尽管里德缺乏银行业和管理银行业务部的经验，但由于银行高管层认为这样的难题需要一个具有创新意识和独特视角的人来解决，因此里德就被赋予了这项重任。

1970～1972 年，里德和他挑选的管理团队在业务部内进行了大规模的创新性改革。他们重组和推行了新的信息管理系统，改革了聘用和薪酬制度，总的来看实施了一套新的管理制度。对他们而言，这是艰难的三年，在这三年中，他们遇到了很多困难，包括业务部内部和银行其他部门（这些部门在业务上必须依赖业务部）对变革的重重阻力。不过，他们最终还是成功排除了障碍，成功地减少了部门经费支出。据估计，在里德的领导下，1976 年业务部的成本节约占当年花旗银行税后总收入的25%！这些卓越的绩效实际上使里德的管理模式成了银行界的新标杆。直到今天，有一些银行还在研究花旗银行十年前所做的变革，希望能把这些理念引入自己的业务部门。

促成里德改革成功的因素有很多，最重要的当然是里德本人。但同样重要的是花旗银行总裁比尔·斯宾塞

（Bill Spencer）和董事长沃特·里斯顿（Walter Wriston）对里德的大力支持。

在改革的各个阶段，里德及其管理团队都会遇到来自各界的巨大阻力。有些人反对改革是因为改革在短期内给他们的工作带来了不便；有些人反对是因为怀疑里德的改革方向不正确；还有些人反对是因为不愿意改变工作方式。这些力量联合起来，就会影响里德的改革进程，在某些方面甚至会使改革停滞不前。很多企业在改革过程中都出现过这种情况。但是，里德成功地渡过了一次次难关，这主要得益于他取得了上司持续性的公开支持。

里德曾经公开表示，有很多次简直是“鲨鱼在水中已经嗅到了血腥并且准备发起攻击”，幸运的是，斯宾塞和里斯顿及时赶到并且力挽狂澜。最典型的一例发生在由于进行改革而引起的最严重的一次危机刚刚结束之后。那是1971年9月，在一次重组中出现了严重的问题，业务部负责的“资金链”断了（这种事故在银行界实属罕见）。随之出现了一场大危机，不仅业务部受到影响，银行其他部门也受到严重影响，一连用了好几个星期才化解了这场危机。就在大家怨声载道并且准备严厉惩办业务部管理层时，斯宾塞和里斯顿找到机会明确地表达了他们仍将全力支持里德，同时希望大家也能支持里德。

事情是这样的，1971 年 10 月，这次大危机所引发的问题还没有完全得到解决，斯宾塞和里斯顿宣布：里德手下的两员大将约翰·怀特（John White）和拉里·斯莫尔（Larry Small）被提升为业务部高级副经理。

在今日的企业或政府机关中，像里德与上司这样的良好关系并不多见。在大多数情况下，上司和下属的相互关系存在很多问题，这削弱了管理层的领导能力，通常会给相关的企业和个人造成伤害。

有关弗兰克·吉本斯（Frank Gibbons）和菲利浦·邦尼维（Philip Bonnevie）的案例是对这种现象的最佳诠释。[3] 吉本斯是业内公认的制造业天才，而且无论以何种盈利标准衡量，他都是一个卓有成效的管理者。1973 年，在制造业内规模第二大、利润最高的公司中，他因能力出众被提升为负责生产的副总裁。然而，吉本斯却不擅长管理下属。他清楚这一点，其他人也知道。公司总裁知道他的这个缺陷，就专门安排了一些善于交际的人做他的副手，以便弥补他的不足。这种安排的效果非常好。

1975 年，菲利浦·邦尼维被提升为吉本斯的直接下属。与先前的用人模式一样，总裁选中邦尼维是因为他不仅有出色的个人履历，而且在为人处事上也有很好的口碑。可是，总裁忽略了一个问题：在邦尼维的快速晋级历程中，他从来没有和不擅长管理下属的上司共事过。

邦尼维的上司都非常优秀，因此他根本不必考虑如何与上司搞好关系。事后，邦尼维也承认他从来没想过如何“管理”自己的上司。

吉本斯对邦尼维的管理方式与对待其他新人完全一样。他的命令常常模棱两可、前后不一。对于不满意的他经常批评，对于满意的却很少表扬。邦尼维常有这种感觉：需要吉本斯时，不知道他人在何处，不需要他时却又总是在一旁指手画脚。

起初，邦尼维感到非常愤怒和失望，后来干脆敬而远之。他相信自己知道新工作的要求是什么，并且决定按照相关的工作要求去做，同时尽量避免和吉本斯直接接触，除非是万不得已。他发现开始时吉本斯不喜欢这种方式，但是他希望最终能够改变上司，因为不管怎么说，优异的工作业绩会说明一切。

邦尼维仅仅与吉本斯合作了 14 个月就被解雇了。在他被解雇的那个季度，公司出现了成立 7 年来的首次净亏损。大多数与此相关的员工均表示并不知道原因所在。不过大家都知道，在公司准备推出一种重要的新产品时（新产品的推出是一个系统过程，需要营销部、工程部、生产部紧密合作），邦尼维和吉本斯之间发生了一系列误会，两者关系也日益僵化。例如，邦尼维声称吉本斯知道并且赞同他用新设备生产新产品的建议，但是吉本斯矢口否认，反而声称自己明确向邦尼维表示过：近期新产品的推出是公司的重中之重，尽量不要冒险。

由于这些误会，生产计划出现严重偏差：新建的工厂根本无法按照营销部希望的产量、管理委员会制定的成本标准去生产工程部设计的新产品。这些重大的失误让公司蒙受了200万～500万美元的损失。

这件事的可悲之处在于它本可以避免，每年仍然有成千上万类似的悲剧在各个公司上演。尽管吉本斯不擅长管理下属，但是公司蒙受的重大损失和邦尼维本人所付出的惨痛代价，如失业并且名声受损，也是可以避免的。

如果下属能够认识到组织的实际情况并相应采取行动，这样的问题是可以有效解决的。[4] 首先，上下级关系是拥有不同背景和承受不同压力的人们之间的一种相互依存关系，如果处理不当，双方就都不能有效工作。其次，由于上下级关系不同于父子关系，因此处理好二者关系的重任不能也不应当仅仅落在上司身上。上司也是人，他们不可能永远比下属聪明和成熟。再次，正因为处理好上下级关系不只是上司的责任，管理上司就成为现代企业中下属工作的一个必要而合理的组成部分，对于那些有一定难度的领导工作而言尤其如此。最后，要想协调好上下级关系，既能够适应各自的风格、特点和期望，又能满足双方的重要需求，就必须投入必要的时间和精力。

尽管上下级关系会影响个人生存与晋升，许多有能力、积极进取的人却忽略这方面的工作。事实上，我认识好多像邦尼维这样的人，他们能够积极有效地管理下属、产品、市场、技术，然而他们对自己的上司却幼稚地采取消极被动的态度。这种做法对于企业和他们自身而言都是有害的。

2

要想高效、负责地完成十分困难的领导工作，必须得到上司的支持，由上司提供必要的信息、资源和帮助。要想做到这一点，就必须建立和维持良好的上下级关系。能成功地和上司处好关系的人们通常有以下典型特征：

- 首先，他们设法了解上司的工作目标、工作方式、他所承受的压力及其优缺点。
- 其次，他们对自己的工作需求、工作目标、个人风格及优缺点也非常了解。
- 再次，他们综合利用所了解的信息，建立一种满足双方需要和各自风格的上下级关系，这种关系的特征是明确的、相互的工作期望。

- 最后，他们努力维持这种关系，包括及时与上司沟通信息、信任对方、保持诚信以及有选择地占用上司的时间和其他资源。

在某种程度上，要处理好与某个人的关系都包括这些步骤，然而，由于上司通常拥有对于你最大的管理权限，与上司搞好关系要比其他人重要得多。如果你能成功地做到这一点，这种关系就能成为一种重要力量，你就能够得到所需要的信息、支持、资源等。

这个过程的第一个阶段——掌握上司的工作目标、工作方式、上司的优缺点等——似乎不言自明，可是好多人并不这么去做，从而给自己带来不少麻烦。

请看下面这个例子。某公司聘用一个业绩出众的营销管理精英担任公司副总裁，其目的是解决公司在营销方面存在的问题。[5] 该公司由于财务状况不佳，刚被一家大公司并购。总裁迫切希望打一场翻身仗，授予新上任的副总裁足够的权力，至少在开始时是这样。根据其以前的经验，副总裁准确地指出：公司需要提高市场份额，为了实现这一目标，首先需要强化产品管理。因此，他制定了一系列针对增加大客户的价格策略。

当公司利润率下降而财务状况依然没有起色时，公司总裁开始给这个副总裁施加压力。由于副总裁坚信只要市场份额升上来，这种困局自然会得到解决，所以他顶住了压力。第二季度，公司的利润率和利润额依然没有起色，总裁收回了价格制定权，他制定了一套不考虑销量多少的产品利润率指标。副总裁发现自己被总裁架空了，他与总裁的关系开始恶化。实际上，他认为总裁的决策很荒谬。不幸的是，公司总裁新的价格策略也未能提高产品利润率。到了第四季度，两人双双被解雇了。

此事过了好久，那个副总裁才知道改善营销状况只是总裁的工作目标之一，总裁最迫切的愿望是迅速提升公司利润。另外，副总裁事后才知道总裁如此不顾一切地追求短期目标是出于公司和个人两方面的原因。在集团公司中，这位总裁强烈主张并购，如果并购后公司效益不好，他的个人名声就会受到很大威胁。

在这个案例中，副总裁起码犯了三个错误，都是一些常见的错误。第一，他仅凭表面现象获取公司的信息；第二，他对不了解的情况主观臆断；第三，也是最致命的一个，他没有主动地去了解上司的工作目标。结果，这些失误使他选择的营销策略与总裁的工作重心实际上相去甚远。

只要事先主动地了解上司的目标、难题与压力，这类问题就是可以避免的。要做到这一点，你需要伺机请教上司及其周围的人们来检验自己的推测是否正确，同时也必须注意上司行为所透露的各种信号。尽管当你与一位新上司共事时，这么做非常重要，但即便是已经合作过了一段时间，也要坚持这样做，因为上司优先关注的问题和难题有可能发生变化。

了解上司的办事风格也非常重要，特别是在你换了一个新上司时。我的同事杰克·加巴罗教授曾经碰到过一个典型案例。有个办事极有条理、一丝不苟的经理接替了一个随心所欲、不拘小节的管理者。新的经理必须要有下级详细的报告才能开展好工作，他还喜欢开一些事先排好议程的正式会议。一位下属敏锐地意识到了这一点，在与他合作的过程中格外留心经理所需要的信息与报告的类型和频率。这位员工还特别注意提前将会议的背景信息和主要议程以书面形式送交给他。经过这些准备工作之后，他们共同参加的会议总是非常有成效，另外他还发现：有了充分的准备之后，新经理在“头脑风暴式”集体讨论中的工作成效要优于随心所欲、不拘小节的前任经理。

与此相对应的是另外一名员工，他并没有真正看出新上司的办事风格与其前任有何区别，唯一的感觉就是约束太多了。因此，他很少给新经理准备必要的会议背景资料，而经理也觉得在与这位下属一起开会时后者没有对会议进行过充分准备。事实上，他们一起开会时，经理总要花很多时间向这位下属询问他认为会前就应当准备好并且提交给他的信息。可是每次会议经理都觉得很失望，成效不大，那个员工也总是被问得不知所措。

以上提及的这两名员工的差异不在于他们的能力或灵活性，相反，区别在于一个人对于上司的工作风格更为敏感，并且注意分析上司的需求。换句话说，他对以下这些问题更为敏感：上司喜欢以什么方式获取信息（备忘录、开会、电话等）；上司喜欢挑起争端还是减少冲突；他喜欢如何解决问题；解决问题时他喜欢用何种思考方式。

有些人不喜欢甚至反对考虑这些问题，但是在今天的大多数组织中，这种思维方式对于提高个人的效率和绩效是完全必要的。

3

上司只占上下级关系的一半，另一半是下属。与上司建立良好的上下级关系还要求下属了解自身的需求、个人风格、优点和缺点。

谈到自我认知（self-awareness），对于下属而言，最重要的莫过于对于自己从属于上司权威的心理反应的认识。虽然上下属关系是相互依存的关系，可是通常下属对上司的依赖程度较高而不是相反。当下属的行为或选择必须受制于上司的决定时，这种依赖关系不可避免地会导致下属的挫败感，有时甚至是愤怒。这是一种生活的常态，即使是最好的上下级关系中也存在这种问题。如何处理这种负面情绪在很大程度上取决于个人对于权威管理的心理认知。

在这种情况下，有些人本能的反应是反感上司的权威甚至反抗上司的决定，有时候这种矛盾会升级为重大冲突。这些人通常会不自觉地把上司看作敌人，纯粹是为了斗争而斗争。一旦受到限制，他们的反应常常会很强烈，甚至很冲动。他们把上司看成自己前进道路上的障碍，是必须要搬开的“绊脚石”，实在不行则只能暂且容忍。

心理学家称这种反应为反依赖行为（counterdependent behavior），虽然有反依赖心理的人通常都很难管理，和上司的关系一般也很紧张，但是如果上司喜欢直接干预或者喜欢专权管理，他们与上司之间常常会出现更多矛盾。一旦他们带着抵触情绪（通常不是直接表现出来，而是比较隐晦）工作，上司有时就真的成了他们的敌人。一旦上司感觉到下属潜藏的敌意，他就会自然而然地对下属的行为和主张失去信任，其自身行为也就变得不那么坦诚了。

奇怪的是，这些对上司有敌意的人常常能管理好自己的下属。他们会想方设法得到下属的支持，并且会毫不犹豫地支持下属的工作。

另外还有一类人，当上司做出一个让他们觉得非常愚蠢的决定时，他们会忍气吞声，表现得非常服从。即使他们有不同意见或者只要他们多提供一些信息就会使上司改变决定，他们也不会发表任何意见，只是与上司保持完全一致。因为他们认为周围的任何情况都与自己无关，态度漠然，这种态度实际上和有反依赖心理的人一样，也是过度反应。不同的是他们不把上司看作敌人，他们把上司看作万能的长辈，上司无所不知，会对下属的职业生涯负责，会根据工作需要对下属进行培训，并且会保护他们不受野心勃勃的同事的排挤。

其实，过分依赖行为和反依赖行为都会使人们对上司持有一种不切实际的认识。这两种观点都忽略了一个事实：与其他人一样，上司也是人，他们不是完美无缺的，也会犯错。一方面，上司没有用不完的时间，也没有掌握百科全书般的渊博知识，更没有未卜先知的超感能力。另一方面，他们也不是恶意的敌人。他们有自己的压力和难题，因此有时无法让下属满意（通常都是有合理原因的）。

只有通过特殊心理治疗（心理分析理论及其研究表

明，这些心理特质与个人的性格和成长过程密切相关）才能纠正以上两种对于上司的极端态度。不过，了解这两种极端及两者之间的中间状态对我们还是有很大帮助的，它可以让我们知道自己的心理状态属于哪种情况，以及这种心理状态可能会产生何种影响。在有些情况下（特别是在选择职业时），这些自我评价则更为重要（例如：有深度反依赖行为的人如果选择做个体商人或技术专家——这些职业没有一般意义的上司，他们的工作会更快乐、更有成效）。实际上，自我心理评估对提高个人的工作成效会有一定帮助，这几乎适用于所有情况。

举一个例子。有个人和他的上司每当观点相左时都会出现问题。上司的一贯反应是坚持己见，决不让步。这个人也不甘示弱，力争捍卫自己的观点，在此过程中，将自己的愤怒转变成尖锐的言辞，狠狠抨击上司分析推理中的逻辑错误。于是，他的上司变得更加固执，坚持己见。不难想象，不断升级的恶性循环最终导致这个人在工作中尽量避免与上司讨论任何可能导致冲突的话题。

在与同事讨论这个问题时，这位下属发现自己对上司的态度就像是在辩论，尤其像是在与权势人物辩论。他试图和上司沟通以便改变这种状况，可是未获成功。于是他决定从克制自己的本能反应开始。他的做法是：每当和上司的讨论陷入僵局时，他会首先抑制自己的烦躁情绪并且建议暂时中断讨论，各自考虑一段时间再讨论。这点小变动确实收效明显，因为经过冷静的思考，他们通常能够深入理解对方的观点和分歧所在，这样在重新开始讨论时，他们就能以一种更富于创造性、更有成效的方式开展合作。

4

上文最后一个例子表明，要想在充分了解双方的前提下建立一种良好的上下级关系，就要建立一套满足双方需求的工作方法、工作目标和期望。

最重要的是，良好的上下级关系有助于适应双方不同的工作风格。以下案例能够充分地说明这一点。有个人与上司的关系不错，但并不是非常好。与上司合作了三个月之后，他发现上司在开会时经常走神甚至很暴躁。这位下属的特点是喜欢讨论一些与议题关系不大的问题，以便探求一些新思路。他在讨论时经常跑题，去讨论问题的背景因素、其他可能的选择等。相反，他的上司不喜欢过多地讨论背景细节。一旦下属的讨论偏离会议主题，他就会变得很不耐烦、心不在焉。

这个人意识到双方工作风格的差异之后，开会时就尽量言简意赅、直奔主题。为了更好地做到这一点，每次会议前他都会准备好一个要点提纲，开会时尽量按照提纲的思路讲。就算是要讲一些有必要扩展的内容，他也会先声明原因。他风格上的这种改动不仅让会议更富有成效，也减少了与上司的冲突，随着时间的推移，他和上司的关系也渐渐变得融洽了。

每个人对别人提供的信息都有不同的接收方式，有时候下属为了迎合上司的偏好而有意调整自己的工作方法。彼得·德鲁克将上司分成两种类型——“听众型”和“读者型”。[6]他指出，有些上司喜欢从书面报告中获取信息，这样他们可以反复阅读和研究；而另外一些上司喜欢下属口头汇报工作，这样他们可以与下属直接交流。德鲁克强调：这种分类的作用是显而易见的。如果你的上司属于“听众型”，那你最好亲自向他汇报工作，随后再提交一份备忘录。如果你的上司属于“读者型”，你最好把重要事项或建议写成备忘录或书面报告，然后再与其讨论。

下属通常还可以根据上司的决策风格来调整自己。有些上司喜欢亲自参与决策和解决问题，这类上司是参与性比较强的，他们希望随时掌握工作的进展。通常，这种风格决定了他们希望下属及时向他们汇报工作。参与性强的上司总喜欢以某种方式参与相关工作，因此，最好的做法就是让他一开始就参与决策。另外一些上司则喜欢授权——他们不喜欢过多参与。他们希望下属只有在遇到棘手问题或出现重大变故时才去找他们。

上下级间取长补短式的主动调整对建立良好的上下级关系也非常重要。比如，有个经理看到他的上司——负责工程设计的副总裁不大擅长处理下属出现的问题，他就自行解决了。他这么做风险极大，因为公司的工程师和技术人员都是工会成员，而且公司业务是按照客户订单开展的，此外，公司最近刚刚经历过一次大罢工。这位经理与他的上司、计划调度部门以及人事部门紧密合作，确保了不再出现问题。他还与上司建立了一种非正式报告制度：在正式实施他所提出的人事变化或任务调整之前，先让上司了解相关情况。上司对这位下属的做法评价很高，认为他提高了部门的工作绩效，改善了劳资关系。

最后，建立良好的上下级关系还需要在关键问题上达成双方共同的期望。许多因素都会导致上下级的期望出现分歧，而这些分歧可能会导致严重的冲突以及其他问题。

那些自以为已经掌握了上司心思（实际并非如此）的下属往往会在工作中遇到麻烦。当然，有些上司会向下属明确、细致地说明他们的期望。但是，大部分人不会这么做。另外，尽管许多公司建立了供同事们交流看法（如正式的规划流程、职业生涯评估、绩效评估等）的沟通平台，但是这些平台并不能充分发挥作用。而且在这些评估活动的间隔期，人们的期望还会发生变化。

无论如何，了解上司的期望最终还是下属的责任。下属既要了解上司的一般期望（如上司希望在什么时候了解哪些问题），也要了解其具体期望（如某个项目在何时完工，在此期间他需要哪些信息）。让一个不喜欢直接表态的上司明确阐述自己的期望可能是件很难的事，但并非不可能。下属可以定期针对当前工作重点做出详细的备忘录，并将其提交给上司审核批准，然后再和上司面谈，讨论备忘录的相关细节。这些讨论可以让上司的相关期望变得明朗。对于模棱两可的上司，下属还可以在私下里经常和他讨论“部门管理”和“部门目标”之类的话题，也可以得到有价值的信息。除此之外，下属还可以通过上司以前的下属间接地获取重要信息，同样，上司在与他的领导所开的规划会议中所做的承诺也是一个有用的信息渠道。当然，哪种方法最有效还取决于上司的工作风格。

与上司建立一套可行的共同期望还需要下属向上司主要介绍自己的期望，确认它们是否现实，并且设法让上司接受那些对自己特别重要的期望。交流的关键是既要让上司感受到自己的期望，又不能让他误认为你不愿合作或是有意制造麻烦。如果你的上司是个对下属高标准要求的人，让他了解和重视你的期望则尤其重要。这种类型的上司常常会设置一些不切实际的高工作标准，必须对它们进行修正才能符合实际情况。

5

建立良好的上下级关系后，还需要做很多工作来维持这种关系。其中最重要的就是随时向上司汇报工作、为人可靠诚信、有选择地占用上司的时间和资源。

上司希望向部下了解多少工作信息取决于以下因素：上司的办事风格、当时的情况以及上司对下属的信任程度，因此具体需求量差异很大。但是在大多数情况下，上司对信息的需求量都要大于下属对信息的实际供给量，换言之，下属认为上司应该已经掌握的很多情况其实上司并不清楚。

年轻的下属特别容易天真地认为“业绩说明一切”，这种观点常常导致他们不重视与上司的交流。换句话说，只要他们自认为工作表现良好，没出现什么问题，他们就不和上司交流。然而，要做到“业绩说明一切”，上下级之间必须在以下重要方面达成完全一致：下属的具体任务内容；这些任务的重要性排序；评价工作绩效的明确标准等。只有这样，上司才能轻松地评估下属的工作质量。但在现实中，能满足这些条件的上下级关系很少。

如果工作中出现了问题，向上司提供信息将会非常困难，因为上司不喜欢听下属报告坏消息。虽然大部分上司不承认，可实际上他们确实经常表现出只对好消息感兴趣。当有人向他们汇报工作中出现了问题时，他们的表情会极为不悦。他们甚至对不向他报告问题的下属评价更高一些，哪怕他的绩效并不突出。但是，为了公司、上司和下属的利益，上司应该对好消息和坏消息一视同仁。而且，下属也可以找到一些不那么刺激的方法去传递不好的信息。对于那些好大喜功的上司，下属有时可以选择一些间接方法，比如利用公司的管理信息系统，此种情形下提供坏消息的人可以免责。在有些情况下，下属应当及时上报工作中的潜在问题（无论好坏），这样，在酿成大祸之前上司就可以有所了解。

对于上下级关系而言，破坏性最强的莫过于下属为人不可靠、工作不负责了。实际上，没有人想成为一个不可靠的下属，可是由于不了解上司的工作重点，许多人无意间成了让上司信不过的下属。在短期内，制定一个非常乐观的交货时间也许可以让上司高兴。但是，如果不能按时完成，这种承诺就会成为上司对你不满的导火索。

另外，也没有人愿意向上司撒谎。可是，稍微地掩盖一点儿事实真相就可以让上司不再担心，人们常常经受不住这种诱惑。如果上司依靠的由下属提供的信息并不完全准确，他的工作几乎肯定无法有效开展。对于下属而言，不诚信可能是最容易引发问题的个人特质，因为它会严重影响一个人的可信度。如果上司对下属的话没有基本的信任，他就必须亲自核查下属的所有决策，而这又会影响他对下属的有效授权。

与不诚信一样，浪费上级本来就很有限的时间和精力也会严重影响上下级关系。下属每请示一次上级都会占用他有限的时间，而常识告诉我们要有选择地利用这些资源。这个道理看起来很简单，可是仍然有很多人让上司去解决一些鸡毛蒜皮的小问题。他们根本就不去考虑这样做会产生什么结果。

综上所述，要保持良好的上下级关系必须自己努力。对很多人而言，只要他们停下来想一想本章所提及的几个要点就会受益匪浅。这主要是以下六类问题：

- 我是否真正清楚上司对我的期望（既包括一般期望，也包括具体期望，如对下周和下月的工作期望）？我认为这些期望公平合理吗？
- 上司是否真正清楚我的期望？他知道我需要哪些

资源、信息、支持和帮助吗？他是否知道我长期的职业生涯规划？他是否赞同这些并且愿意在工作中为我着想？

- 我们日常相处得如何？有很多不愉快的矛盾和问题吗？如果有，到底是什么原因呢？我应该如何改善这种状况呢？
- 最近一两个月我向上司提过哪些要求？对于组织、上司和我而言，这些事情有多重要？在这些事情当中有没有浪费上司时间的情况？
- 在建立信赖感的诸多因素中，对于我的上司而言哪几个最重要？最近我在这些方面是否表现得令人满意呢？
- 对于我最近几个月的工作上司了解多少？如果他不了解有些事情，会不会引发问题？如果会的话，我应该如何弥补？

6

建立并保持良好的上下级关系通常是一项极富挑战性的工作。但是，另外一些因素进一步提高了这项工作的难度。它们是：

- 上下级之间年龄、教育背景、价值观等方面的巨大差异。
- 上司无能。
- 上司没有权威。
- 上司和他的领导存在严重的分歧和矛盾。
- 你有多个上司，上司之间有严重的分歧和矛盾。

在有些方面，上下级之间总是会存在差异。但是，有时候这些差异会很大，以至于严重阻碍上下级良好关系的建立和保持。比如，试想一组这样的上下级：有一个 50 岁的上司，只有高中文凭，但是有 30 年的工作经验，基本上已经升迁无望；而他的部下年仅 24 岁，是拥有雄心壮志的 MBA。我们还可以设想一下另外一组：一位美国籍的中年女性经理被要求为一位年轻的沙特籍上司服务。

如果上司本身工作就不称职，这就构成了建立良好上下级关系的重大障碍。每个企业内都会有几个这样不称职的领导，有的还不少。但是大多数企业都不擅长处理这类问题。因为无论怎样处理都会让相关的决策者有很深的歉疚感。许多公司对于这种情况熟视无睹，而不是尽快找出不称职的领导并将其换掉。对于部下而言，不称职的上司会带来两方面的问题：首先，如果他们确实能力不行，部下要适应他们的工作风格就会特别痛苦；其次，因为他们的要求和企业真正所需要的有可能风马牛不相及，这样，建立上下级之间共同的期望就非常困难了。

与此相关，部下有时还会发现上司实际上领导无方。由于各种历史原因，无能的上司通常不怎么行使职权。这就会给上下级关系带来很大问题，因为他们通常无法对部下兑现承诺。而且，由于他们的上司及同僚可以很容易地压迫他们改变工作目标，这些人对部下的期望要求也不断地相应发生改变。

上司与其他高管人员的严重矛盾冲突也会影响你和上司的关系。这类冲突可以有多种表现。有时候是因为双方是竞争对手；有时候因为他们对公司的重要决策持有不同观点（各自又顽固地坚持己见）；有时候仅仅因为他们在年龄、背景上差异太大而产生矛盾。不管是哪种情况，他们之间的冲突都会让部下的工作更加困难。为了与其直接上司建立良好关系，部下往往会不经意间得罪了其他领导。如果部下为了解决这个问题而去迎合那些领导，又很有可能得罪了自己的上司。

如果一个人有好几个上司，而这几个上司不仅工作目标各不相同，而且彼此厌恶，那么这个人要建立良好的上下级关系也很困难。这种问题主要存在于采用矩阵式结构的企业中或是董事会直接管辖的职位（如首席执行官）。

解决这五个问题的最好办法就是提前减小其发生的可能性。也就是说，在被聘用、升职或是调换上司之前，每个人都要仔细考虑以下几点：

- 你和未来上司之间存在什么差异（它们是否大到不可调和的地步）？
- 你的上司在能力和权威性方面是否与他的同僚至少不相上下？如果不是，这会给你带来何种问题？
- 如果你将有多个上司，那么他们对工作目标和公司策略的看法是否一致？他们是否友好相处？他们之间是否存在强烈的敌意？

当然，在有些情况下，事先的分析和预测并不能消除这些问题。例如，原上司升迁后调来了一个新上司，或者你找到了一份极其诱人的新工作，这时候你所能做的就是将本章前面介绍的方法运用于实践。如果这些方法还无济于事，你就要设法建立自己独立的、不受上司（或多个上司）管制的权力基础，这样你才不会被任意宰割或剥削。

尽管存在以上提及的五个问题，我们还是能够找到办法顺利开展领导工作的（虽然这并不容易）。这就要求你具有相对优势地位，而这恰恰是当今许多人所缺乏的。

第三篇

领导周期

POWER AND INFLUENCE

第7章

职业生涯初期

建立适当的权力基础

▼

本书前两篇的讨论使你对权力和影响力有了基本的了解，这有助于你克服现代组织（特别是领导工作）中影响有效管理的各种障碍，但是这并不够。你还需要掌握适当的资源（这是权力和影响力的源泉），只有这样，我们才能够解决这些工作中存在的权力倒挂问题，从而更好地进行有效管理。对于那些已经在现代企业中有所建树的成功管理者而言，职业生涯中的一个核心问题就是权力基础的建立、保持以及最终的让渡。

大部分人在其职业生涯的开始阶段并没有掌握多少权力资源，通常仅仅是掌握了一些领导技能，这样在其早期职业生涯阶段，最大的挑战就是如何建立必要的权力基础。这意味着他们要积累大量的相关信息，建立广泛的合作关系，大力提升个人领导技能，设法掌控重要资源，拥有良好的工作履历，逐渐承担一些更重要的工作。在这些方面做得比较出色的人就能够成为企业中有影响力的、负责任的领导者。而那些不注重这些、把精力放在别处的人，不论他的先天天赋和后天努力如何突出，都不会成为一个合格的领导者。

1

几年前我遇到了一个极富戏剧性的案例，它说明人们在职业生涯初期的不同努力方向会导致相差甚远的不同结果。我们不妨把案例中所涉及的两个人叫作杰瑞和迪夫，他们都是哈佛商学院的MBA毕业生。

杰瑞是一个非常聪明、很有抱负的青年，从很多方面看他都是MBA中的一个代表性人物。在二年级的第二学期，他参加了20家公司（涉及9个不同行业）30个职位的招聘面试，最终他收到了5份很有吸引力的录用通知。他的选择是到一家大型制造企业去做一个小部门的部门经理。他认为这是最好的选择，因为看起来这是一个很有吸引力的工作机会，而且这份工作的工资也是最高的。

杰瑞满怀热情地投入了工作。第 1 个月，他把大部分时间用于熟悉部门的业务和诊断部门存在的问题。在这方面，他能够熟练地运用自己的知识和能力。还不到两个月，他就觉得自己已经对本部门的优势和问题诊断清楚了，并很快制订了一套改善部门绩效的行动方案。

就职 3 个月后，杰瑞宣布了部门的改组方案，解雇了一位雇员，同时要求上司给部门增设一个低级职位。很快，上司就找他去讨论这些行动计划。随后进行的讨论相当艰难，他的上司对该计划非常担心，并且问了许多尖锐的问题，有些问题是杰瑞没想到的。这次会谈的结果是：上司要求杰瑞暂缓任何改革，直到上司真正搞明白他的行动计划为止。之后，杰瑞不得不向员工宣布不会马上实施改革方案，这时，他逐步在下属间建立的威信开始降低。

在随后的 4 周里，该部门出现了一些新问题。杰瑞认为，这些新问题的出现恰好证明了部门急需改革，但他的上司却不这么想。相反，他认为这些问题的出现说明杰瑞在一些基本的管理能力上有所欠缺。他觉得杰瑞在进行比较复杂的部门重组之前，必须首先掌握这些基本的管理能力。杰瑞并不同意，他与上司就这个问题所进行的谈话都不成功。他坚信必须尽快采取行动，但上司总是阻止他的所有重大行动。

到了第6个月，杰瑞收到了另外一个部门经理严厉的批评信，他的上司同时也收到了一份，信里对杰瑞的下属最近的工作表达了不满。这引发了一场小型危机，在其后的两个月里，杰瑞的大部分时间都浪费在一系列相关会议中。他觉得这封信夸大其词，发信给他的上司是因为“权力”斗争。但是，他的上司对这封信却很重视，他认为这进一步证明了杰瑞还没有掌握基本的管理技能。这次事件之后，杰瑞及其下属进行的一系列事故原因分析工作进一步恶化了他与下属的关系，而且他的部门已经人心涣散了。

在第8个月，杰瑞的两个下属给杰瑞的上司写了一封匿名信，投诉部门管理中的问题。这封信让杰瑞在接下来的两个月中不断地接受谈话。到了第12个月，情况进一步恶化了，部门中每个人似乎都在指责杰瑞或者相互指责。这时候，杰瑞真正意识到他已经没有希望了（“现在，就算是打印一份文件我都找不到人”）。于是，他只好另谋高就了。

迪夫的初期工作经历正好和杰瑞的悲惨经历形成了鲜明对比。在很多方面，迪夫和杰瑞有着相似之处，并且他最后也找了一份很类似的工作。但是他求职和上任之初的做法与杰瑞截然不同。

在 MBA 二年级的第一学期，迪夫花了大量时间分析自身条件以及各种有可能在第二学期出现的工作机会。他花了很长时间深入思考在自己的第一份工作中他究竟想得到什么，他喜欢和不喜欢的各是哪类人，适合他成长和会造成障碍的各是哪种工作环境。同样，他做了很多关于各种行业、公司以及入门级工作的分析。到了 1 月份，对于如何找工作他已经基本心中有数了。在 2 月份和 3 月份，尽管存在很多能够扩大他求职方向的机会，他还是坚持了自己的既定选择。这样，他参加了 12 次面试，涉及 3 个行业中的 10 家公司，最后得到了 4 份工作录用通知。经过一番深思熟虑，最终他选择了一份与他的目标、价值观、能力和以往工作经历非常符合的工作。

还没有开始工作，迪夫就花了一些时间去了解他即将上任的部门。经过努力，他了解到很多情况，包括部门员工的最大不满（没有足够的办公空间）以及部门工作中最明显的问题（计划不合理，一年中总会有三四次被工作压得喘不过气来）。他还设法和公司总裁建立了关系，这位总裁曾经在面试过程中和他有过短时间的接触。在正式上班前与总裁的最后一次谈话中，他提出本部门员工经常抱怨办公空间太小，总裁当即承诺要把部门的办公室面积扩大 30%。

由于迪夫在上任前给总裁留下了很深的印象，所以在他上任后的第一周里，总裁顺道去他那里看了一下，与他聊了几分钟。这让迪夫的部下一下子对他肃然起敬。在此之前，总裁从未来过这个部门。迪夫又顺势向大家宣布他们的办公室面积即将扩大，部下们一片欢欣鼓舞。

在迪夫前两个月的工作中，他的重点是与下属、上司和其他重要部门建立良好的关系。比如，他会坐下来和下属讨论他们的工作；通过统一大家对责任和权力的认识，下属们明白了各自所肩负的重要责任以及在部分关键领域要服从迪夫的权力。另外，他花费很大精力去研究如何才能改善部门计划和工作安排。最后，他确实成功地找到了一种方法。在考虑工作安排时，他把自己在研究生院学到的一些简单工具和他以往的工作经验（上MBA之前他曾在该行业工作过两年）有机地结合起来，这样，他就能够合理地安排工作，从而大大减少高峰期的工作量。因为迪夫有意识地没有开展那些让下属担心的变革，所以部门工作计划调整实施得非常顺利。

在他工作的第10周，以往每年都有的“8月高峰期”并没有出现。部门的工作量确实有所增加，部门的快速反应能力也有所下降，但是以往的工作高峰以及随之而来的诸多问题却没有发生。在迪夫的下属、其他部门和上级领导眼中，这方面的改进是显而易见的。所有人都很震撼。由于他的这个成就以及其他方面的出色表现，迪夫只用了不到 4 个月就建立起了牢固的强势地位，以至于能够说服上司在预算之外再给他增加员工职位。而且，他也成功地做到让大部分下属更有秩序、更有成效地工作。

在第 5～12 个月期间，迪夫按照同样的方式继续前进。他继续与周围的人建立良好关系，同时得到了更多的资源来开展工作。每个月他都要解决几个难度更大的问题，但只有在他认为自己有能力解决它时才会行动。在第 5 个月和第 6 个月，他制定并实施了一套新的信息系统与控制系统；在第 7 个月和第 8 个月，他对部门进行了重组；在第 9 个月，他开始解决自己一进入公司就发现了的人事问题。部门里有两个人的工作确实不能令人满意。他解雇了一个，把另一个调到了其他部门去做更适合他的工作。因此，到了第 10 个月，迪夫领导的部门已经成了公司的模范部门。在他第 1 年任期结束时，迪夫已经能够得心应手地管理复杂的局面——这一点与杰瑞形成了鲜明对比，并且开始在公司中拥有影响力，成为一颗冉冉升起的经理明星。

人们总是将杰瑞和迪夫的不同结局归为运气（如迪夫运气好、杰瑞很不幸）或能力（如迪夫是个能干的经理、杰瑞不是）。这两种观点都没有说服力。把两人不同的结局归因为运气的人们认为：不存在任何能够解释这两种不同结局的因果关系。实际上，在这个案例以及其他类似案例中，确实存在一种因果关系。如果将其含糊地归因于能力，则要求我们去仔细辨别到底涉及哪些能力，而这是很难的。从表面上看，杰瑞和迪夫在智力、社交和一般管理知识等方面是非常接近的。

最能说明两人结果差异的是两个人在建立权力基础（这些是顺利开展工作所必需的）上的表现。接下来的讨论我们将会看到，杰瑞在建立必要的权力基础方面并没有下多大功夫。相反，他只关注企业存在的问题和机会所在，制定决策、解决方案。迪夫也在此类问题上倾注了很多心血，但他采取的不是抽象化、咨询式的管理诊断方法。迪夫关注的是以下问题——我怎么才能拥有必要的权力资源，以便能够正确地识别企业问题并且在解决这些问题时拥有足够的领导力？这种导向决定了他的时间安排，特别是在参加工作的前几个月里。这也决定了他解决相关问题的前后顺序。甚至就像我们后面将看到的那样，这指导着他的整个求职方向。所有这些导致了他的初期职业发展要比一般人甚至非常有能力的年轻人好得多。

2

很多初次进入人才市场的年轻精英都不能对自己的

特点、局限性、长处和不足有一个清醒的认识。他们在学校里每过一年就“升”一级，以至于很多人过高地估计了自己的能力以及适合的工作。而另外一些人由于在学校或家里都没有机会成为好的学习榜样，通常会低估自己的能力。当然，大多数人通常都知道自己擅长数学（或法语）和不擅长历史（或物理）。但是这类信息并不能很容易地转化为非常具体的就业指导意见；它只能提供一般性的指导（比如说不找会计之类的工作）。这不是好事，因为要想在现代企业中建立能让你发挥领导作用的权力基础，首先就要求你选择的企业和具体工作与个人的价值观和能力非常匹配。在权力基础的建立过程中，这方面的“契合”状况发挥着举足轻重的作用。[1]

在杰瑞和迪夫的案例中，迪夫开局良好至少有部分原因是因为迪夫实现了这种高度“契合”。通过对自身条件、特定产业与公司、自己得到的录用通知进行深入分析，迪夫最终找到了一份与他的兴趣和能力非常契合的工作。而这种契合非常有助于他和周围的人们（包括公司总裁）建立良好关系，而这种良好关系反过来又会进一步促进他与其他人建立合作关系。这种契合也使他能够很轻松地进入工作状态并且掌握相关知识，因为这方面的信息正好是他的兴趣所在。所有这一切使他能够轻松地适应环境、做好工作、很快崭露头角，反过来，这又帮助他获取更多的资源，建立更多的良好关系，更好地控制重要信息资源，甚至在解决难度很大的问题时也表现得非常出色。换句话说，最初的良好契合对他帮助很大，因此在建立权力基础时产生了滚雪球效应，进一步帮助他出色地完成工作。

而在杰瑞的案例中就没有那么高的契合度了。在求职过程中，杰瑞选择的工作只是部分地与其兴趣和能力相匹配，而不是完全契合。他与周围人群的兴趣和价值观都大不相同，这使得他难以建立良好关系。与迪夫不同，他不那么热爱自己所处的行业，这使得他把深入了解自己的工作当作一件苦差事，因此在短时间内也很难做好。他的能力和个性也与工作需要不太符合，这就使他的工作更加困难。实际上，证据表明：杰瑞在职业生涯初期不应该接受这样一份工作，因为它要求他具备高超的人际关系能力。他以前没有管理人的经验，他对如何处理与下属及其他人的工作关系也是一知半解。因此，他与工作之间存在高度的不匹配，这就使得他很难主持好部门工作、不断扩大权力基础、进行有效领导，结果就是绩效不佳。

在过去的十年间，我见过很多有才能的年轻人职业生涯开局不佳，因为他们所选择的企业和工作并不完全适合于他们的才能和价值观。他们没有像迪夫那样做过系统的匹配性评估。相反，像杰瑞一样，他们追求的是抽象意义上的“好”工作，这里的“好”通常是指他们当时所处的社会环境中比较流行的那些东西。他们之所以选择某项工作，并不是因为真正喜欢公司里的员工和产品，而是因为工资高、社会影响大、“升迁机会多”或者公司宣传得比较到位。就像杰瑞一样，他们通常会选择对人际关系技能要求非常高的工作岗位。这样，他们就将自己置于一个非常不利的环境之中，因为公司对人际关系的要求超出了他们的能力。

无论如何，像迪夫那样做系统的评估并非易事，但这的确是可以做到的。我们在哈佛大学开设职业管理课程已经有十个年头了。相关的教学经验证明：人们能够学会对自身和工作机会进行务实的评估，并在此基础上做出明智的选择。要做到这一点，可能需要你花几个小时或几天的工夫，但这确实是可以做到的。[2]

再具体一点，这种自我评估要求你对自己的过去和现状进行系统研究，找出其核心要素，这些要素的影响很广泛，它们体现了你的核心价值观、主要优势和明显弱点。工作机会评估要求你对行业、公司、职业发展阶梯和入门工作等方面进行评估，重点考察以下几个问题：该工作是否与你的核心价值相一致、你的优势真正体现在什么地方、自身的明显弱点是否不会构成严重障碍。

我已经听人们无数次说过："只有你真的进入那种环境（工作、公司或行业的）并且待了一段时间之后，才能真正知道它是怎么回事。"尽管有些东西只有在参与一段时间后才能进行评估，但是，关于工作机会的许多重要问题实际上在正式工作之前就可以找到基本准确的答案。[3]我们需要的只是去努力寻找并且对这些事情保持敏感。

3

当你进入了一个有一定契合度的工作环境之后，要想在职业生涯的初期建立权力基础，就要充分利用最初的契合点逐步扩展相关的人际技巧、信息基础、各种关系、财务资源以及改善自己的工作记录。反过来，要做到这些又要求你充分利用每天的各种机会去获取权力资源，而且你还需要从长远角度战略性地持续"投资"于某些权威人物，以期在未来获得"利息"（迪夫在这些方面就是这样做的，但杰瑞却不是）。最后，从个人的事业发展来看，它要求随着时间的推移你能够逐步占据更有价值的岗位，从而能够管理一些战略性的重要项目。

所有从事专业工作、管理工作和技术工作的人每天都有机会强化或削减他们的权力基础。在职业生涯初期建立权力基础要求你必须对这些机会很敏感，因为你希望获得更多的权力资源而不是在无意之中浪费掉这些宝贵资源。

有些人很擅长发现那些代价很低却可以带来很多有用信息（或良好人际关系之类的好处）的机会。[4] 例如，他们会利用走廊上偶遇的机会和对方闲谈几句，一来问几个问题以得到他需要的信息，二来借此机会真心称赞对方某些工作干得不错，由此加深他们之间的关系。他们也同样擅长寻找机会加强对财务资源的控制，通过主动帮助别人建立以人情为基础的友好关系，诸如此类。迪夫对于这几类机会非常敏感，并且在参加工作的前一两个月里，他的大部分时间都是花在这些方面。而杰瑞却只顾闭门造车。

此外，从战略意义上讲，建立权力基础就像企业家投资一样，你必须要敢于拿自己的权力去冒险和对自己的权力基础进行投资。[5] 也就是说，你要用现有的人际关系、个人技能、个人掌握的信息和财务资源去换取对公司很重要的东西，这样就有望提升自己的业绩、获得职位的升迁、提高个人的技能以及与权位更高的人建立更牢固的人际关系。而后，这些新资源可以用于建立更多、更稳固的人际关系以及获得更多、更有价值的信息，而这些又可以投资于其他新的权力资源，你又可能获得更多的回报。高效的领导者在其职业生涯初期大多都很擅长进行这种战略性的“投资”活动。

迪夫就是这样。从第一天起，他就在不断寻找这类他可以控制的重要机会，即他有能力解决的企业问题。杰瑞就没做多少“投资”，这也是许多能力很强的年轻人的通病。他首先解决的是他认为最重要的问题，并没有考虑他不具备彻底解决这些问题的权力。在这个过程中，他失去了权力而不是获得了权力，这使得他很难再有机会从事更重要的工作。

像迪夫这样擅长此类投资的年轻人的范例还有一个，此人在一家公司已经服务了大约三年，而后设法在公司内转换岗位，去负责一项建设工程，他知道这个项目对公司未来五年的发展非常关键。他利用自己的所有资源设法提前完成了工程项目。他以前对权力基础的投资大部分都在这个项目上用掉了，但是这件事让他的职业声誉迅速提升，与公司副总裁建立了稳固的良好关系并且在这个领域得到了提升重用。由于得到了提升，他拥有了更多的合法权力、承担更多的责任、获得更多的资源，并且能够控制一些新的信息渠道。他用这些后来新得到的资源迅速建立了更大的权力基础。比如，他运用新的高层领导关系把自己与某些同僚之间的竞争关系转变成了合作关系，因为这些人认为他与高层领导关系密切，自己有必要与他搞好关系。然后，他又用这些新获得的权力基础使自己当年的财务指标和其他指标大大超过计划要求。而这一成绩又让他再次获得晋升。

权力基础发展战略的一个关键环节（就像在这个案例中所看到的那样）是设法进入企业的重要项目或者到企业中具有战略意义的部门或岗位任职。[6]在这些领域工作能够控制企业的重要资源，并且可以获得更多的权力。在一个销售特别重要的行业中，你很可能应该设法进入营销管理序列。如果某家企业的研发部门对其未来发展影响巨大，那么你就应该主动选择研发管理序列。

比如，以前有位年轻女性在费城的一家医院从事基层管理工作。1970年，她申请换到这家医院另外一个部门的一个类似岗位并且获得了批准。这是因为她参加工作后第一年表现出色，所以她的申请才得到了医院的重视和批准。不过，最终她能够得到这份工作，更重要的原因却是和她条件差不多人都不愿意选择这份工作。她之所以提出转岗申请，是因为她分析了当时发生的一系列重大变化。她发现：医疗界和联邦法律的变化将使医院中某个不起眼的部门变得非常重要，预算将大大增加。所以当那个部门的经理获得升迁之后，她就要求调换到这个职位。事实证明，她的分析是正确的。因此，三年之内，该部门的预算增加了20倍。而这又使她成为被关注的焦点，职业声誉大大提升。几年后，她被擢升为医院核心领导之一。如今，她的梦想（成为医疗界的重要领导者）终于变成了现实。

正如以上两个例子所表明的，那些在职业生涯初期就建立起自己的权力基础的人，也会拥有一系列“成功特质”（success syndrome）。他们发现，随着时间的推移，自己的人际关系能力不断提升，与其他人的合作关系越来越好，掌控的重要信息和资源越来越多，工作业绩越来越突出，自己的职责也越来越重要。就这样，他们逐步走向重要的领导职位，虽然还是会有很多困难，但他们基本能够适应。[7]

通过对大量企业界成功人士的调查，我们多次发现这种建立权力基础的基本模式。IBM 的董事会主席约翰·奥佩尔（John Opel）就是一个典型的例子。奥佩尔在职业生涯初期就进入了 IBM，并且长期在那里工作（跳槽通常不利于权力基础的建立，因为你很难带走它）。他从事过多种工作，这些工作使他了解了公司的许多重要业务，并使他有机会接触很多重要人物（他的职业范围比较宽泛，有利于得到提升）。这些早期的成功经历使他在 1959 年成为公司 CEO 小托马斯·沃森（Thomas Watson）的助理。托马斯·沃森的指导以及奥佩尔自己的知识面、人际关系、工作业绩和名声使他能够不断胜任越来越困难、越来越具战略性的工作。1974 年，他成了公司的总裁，1981 年最终成了 CEO。这样的职业路径帮助他获得了必要的权力基础，从而使他能够有效地完成各项工作。

每一个 20 岁到 40 岁之间的人都应当定期从权力基础和成功特质两方面反思自己的职业生涯，这样做很有益。我们需要考虑以下这些问题：

- 去年，对于我负责的产品、服务、市场或技术以及我管理的人员，我究竟有多少新的了解？能超过前年的进步吗？能超过大前年的进步吗？
- 去年我认识了多少刚参加工作的新员工？我与多少人的关系得到了进一步加强或改善？我有没有疏远谁？
- 去年我又掌握了哪些新技能？我在某些方面的分析能力和判断能力是否有所提高？我的人际关系能力有没有提高？
- 去年我的工作业绩有哪些新亮点？如果现在让我在去年的基础上修订个人简历，我会增加哪些内容？
- 与上一年相比，我的声誉提高了还是持平？如果没有变化，为什么？是因为我的业绩平平，还是因为我的业绩虽好但大家并不知道？

即使你不追求职位显赫，反思上述问题也很有益处。如果你从事的是基层管理工作、专业工作或技术工作，要想做出成绩，通常也会要求你在正式职位授权以外还要拥有某些权力。权力不会从天而降，即使从天而降你也保持不住它们，除非你重视它们。

4

有时候，那些能力出众的人甚至那些在职业生涯初期取得良好开局的人并没有建立和保持前文所述的权力基础以及成功特质，原因很多。可能最重要的一个原因是：他们忽视了我们上文所讲的几大问题，按照错误的指标评估自己的职业进展，进而做出错误的抉择，最终选择了过高的工作岗位。而这反过来又导致了较差的工作绩效，有时还会出现滥用权力问题，这些实际上毁灭了他们的成功特质。

一些年轻有为的人才有这样一种很强烈的职业选择倾向：极端重视收入和晋升，无论长期短期都是这样。其规则非常简单：工资涨得越快越好，职位升得越高越好。这种指导原则使人们不再那么关注发展人际关系、增加知识、做出业绩、提升技能和树立声誉等。因此，他们通常不会系统地建立自己所需的权力基础，或者无意之中破坏了自己的权力基础（据我所知，一些才华横溢的年轻人竟然为了自己的前途而玩弄权术，自己也因此名誉严重受损）。更糟糕的是，这种标准使他们到其他公司去寻求并且接受收入更多、职位更高的工作，而根本不顾及自己并不具备新工作所必需的权力基础。

几年前，我在一家金融服务公司就遇到了这样的例子。一位35岁左右的经理被平调到了另外一个部门，原因是新上司对他的工作业绩不满。尽管这位经理自认为“在当时那种条件下”他已经做得很不错了，但他对自己的业绩也并不满意。从表面上看，很难理解他为什么没干好这份工作。他非常聪明，比公司一般的经理或专业人员都要聪明。他是MBA，懂得许多管理知识，有时还在当地的一所商学院教授管理课程。他在公司中的职业生涯初期也是非常成功的；在公司历史上，他是少有的几个非常年轻就被任命负责一家分公司的人才之一，当他被提升到这个“高难度”职位时，差不多是公司最年轻的副总经理。在刚接受这个职位时，他对这个分公司存在什么问题一清二楚，而且或多或少地也知道该采取什么应对措施。但是他却一直没有机会付诸实施，因为他始终不能进行有效的领导。实际上，在他任职的三年期间，大部分时间都在穷于“应付”，忙着“救火”和尽量“避免陷入困境”。

仔细研究这种情况（特别是重点分析工作中固有的依赖关系、工作本身的职权和经理所建立的工作之外的权力），我们就不难解释为什么那位经理不胜任这个职位。首先，这项工作本身存在严重的权力倒挂，部分原因是该工作中存在很多复杂的依赖关系，部分原因是工作本身所固有的职权较小。这种复杂的依赖关系源于工作职责范围较广（一个经理要负责很多产品和市场）、相关人员较多、全新的信息处理技术、高度专业化的组织结构（该工作必须依赖一系列其他部门员工的合作）、管理层级较低（尽管这个职位很重要，但他的直接上司是董事会主席下面的第四层级）以及其他一些因素。同时，这份工作却只能给他提供有限的实质性职权。尽管他拥有对下属的聘用、解雇、提升和奖励权，但是这些权力要受到各种"公司政策"的制约。因为这个分公司并不怎么盈利，工作本身能够提供的资源极为有限，上级一再要求削减预算，实际上根本没有可供灵活调用的"机动资金"。此外，由于该分公司成长性不好，很难吸引到优秀的员工。在这位经理当初就任时，很多员工明显表现不佳。最后，他的直接上司在总部高管层中是权力最小、最被看不起的人。

要想有效应对这种局面，任职者就必须在工作中大量引入个人权力资源。但是例子中的这位经理并没有这样做。虽然他很有能力，以往的业绩也不错，但是这次职位提升对于他来讲有些过了。他原来管理几十个人，现在一下子要管 600 个人。一夜之间，他的下属增加了 20 多倍。他要对一群以前素未谋面的员工负责，并且经营管理一个完全陌生的业务单位。所以他接手时，对相关产品、市场、技术等知之甚少，缺乏管理大规模员工队伍的技能（特别是授权技能），没有和大部分重要的上司及下属建立人际关系，在这个领域他也没有任何成功的业绩记录。由于没有这些重要的权力资源，他无法掌控复杂的依赖关系，也没有足够的时间去发展该项工作所需的权力。因此，一个才华出众、以往工作业绩优异年轻人，只能在新岗位上“无所作为”，由此也影响了自己的职业生涯和名声。

在约翰·迪安（John Dean）的《盲目的野心》（*Blind Ambition*）一书中，有一个更为极端的例子。[8] 1970 年，年仅 32 岁的迪安得到一个千载难逢的机会：美国总统希望他去白宫做总统的法律顾问。迪安没有经过深思熟虑便接受了这份对他来讲简直就是平步青云的升迁（当时他只是司法部的一名普通律师）。他甚至没有想过：（1）白宫里的人他几乎都不认识；（2）由于他最近才开始为联邦政府工作，在政界也不认识多少人；（3）他对总统法律顾问的工作知之甚少，对于工作中会遇到什么问题也不清楚；（4）他没有多少司法经验；（5）他在政府部门的短暂任期中也没有什么出色的业绩；（6）他对白宫的了解仅限于：人们“长期生活在巨大的压力之下”，在那里，“再有能力的人也得被别人使唤差遣，总统高级助理什么时候心血来潮就能让他们跑断腿”。他之所以接受这份工作是因为“这个机会太诱人，让人根本无法拒绝”。

在随后的两年半中，迪安发现自己无奈地陷入了所谓的“水门事件”。他做了一些违法、不道德的事情，最后连他自己都承认，他成了那些权贵人物的替罪羊。他的职业声誉严重受损，最终落了个锒铛入狱的下场！

我们常常可以从企业中发现年轻经理和专业人员滥用权力的类似（但不那么极端）例子。有些人通过滥用权力在企业内建立和保护自己的小王国。另外一些人则在与下属开会时习惯性地迟到，总是浪费他们的时间，其目的只是提醒他们谁才是上司。还有一些经理人员，特别是那些管理日常行政事务的经理，有时候故意设立或违犯一些规章制度，以此获取超越他人的权力，却全然不顾这类行为的负面后果。无疑，有些例子主要源于个人诚信问题。但是，在大部分其他例子中，我认为关键原因在于这些人被提拔到了力所不及的职位上，最终导致他们在工作中领导乏力。

5

对那些处于职业生涯初期的人而言，尽早了解上述“陷阱”是非常有益的，但个人能做的也就这么多了。除此之外，他们还需要得到外部帮助。

在很多方面，企业都可以为年轻人建立权力基础提供帮助。正如耶鲁大学社会学教授罗莎贝斯·坎特（Rosabeth Kanter）在其《变革大师》（*The Change Masters*）一书中所指出的，企业可以：

- 向人们提供更多的有关业务和组织的非机密信息。
- 鼓励人们发展良好的人际关系，并提供各种条件。
- 为人们的声誉提升提供宣传载体。
- 明确鼓励上下级建立良师型指导关系。

坎特指出，遗憾的是，大多数公司在这四个方面都做得远远不够。

这种良师型指导关系非常重要。最近，越来越多的人意识到良师、援助者、教练和榜样对于帮助年轻人顺利度过初期职业生涯有着极其重要的作用。然而，当我们说到良师、教练时，往往把他们看作“老师”。没错，他们的一项重要职责就是教授自己的年轻下属。但是，如果想真正了解这些人的特殊作用，我们最好还是从权力和影响力角度出发去考虑这个问题。

有效的指导关系通常源于良师拥有权力。他们掌握着有关本公司、行业以及相关职能的大量高价值信息。他们人缘好、朋友多。他们有着显赫的业绩和出众的个人技能。他们的岗位通常很重要，可以控制许多实质性资源。这种强大的权力基础使他们可以有效地发挥良师的作用。

实际上，要使那些才华横溢的年轻人找到真正适合自己的岗位，不要让他们晋升得过快（或过慢），确保他们不被高层的权力斗争所误伤，这一切都要求良师拥有足够的权力。迪安在白宫中没有真正的良师，金融服务公司的那位年轻经理在公司高层也没有真正的良师，杰瑞研究生毕业后的第一份工作还是没有良师指导，所有这一切绝不是巧合。

此外，帮助刚参加工作的基层管理人员建立其权力基础必然要用到“帮助者”手中的权力。帮助者如果自己没有庞大的人际关系网，很难帮助年轻人建立有价值的人际关系网。良师如果自己不掌控某些关键性的信息资源或者财务资源，他很难向别人提供这些资源。通常，要想帮助别人在某个领域掌握关键性的技巧和能力，你自己首先要拥有这些技巧和能力才行。

我认识的几乎所有成功的高效经理人在其职业生

涯初期都得到了两个或多个良师指导。有些人甚至得到了十几个良师的帮助，他们可以从这些人身上获得不同类型的帮助，有的帮助他们认识某些关键人物，有的提供特定领域的关键信息，有的传授他们一些操作性技能。

尽管几乎所有的大公司（以及很多小公司）都认识到：在培养下一代领导的过程中，适当的指导、辅助、支持和言传身教非常重要，却没有几家能够真正做到。更常见的是，由于高层领导工作繁忙，这项任务被放到了一个次要的位置上，于是，年轻人只能靠自己摸索前进。还有很多时候，有能力的年轻人实际上并没有真正的良师，或者过度依赖某一个人的指导，后者常常是很危险的。在过度依赖某一个人的时候，他的敌人也会把你看作敌人，他的薄弱领域也会成为你的弱项。而且，在两人发生冲突时（在某些时候这种冲突总是会出现），被指导者将会处于绝对弱势地位。

通过几年前发生在本迪克斯公司（Bendix）的比尔·阿吉（Bill Agee）与玛丽·克宁涵（Mary Cunningham）的故事，我们可以看出过度依赖某个高层经理会导致怎样的严重后果。虽然克宁涵与公司最有权势的人建立了牢固的良师型指导关系（阿吉当时是公司的CEO），但是她缺乏公司内其他高层领导的支持和帮助，而且也没有形成自己牢固的权力基础，所以她的位置很虚弱。果然，当她受到公司其他人的攻击时，就连阿吉也没有办法帮她保住这份工作（因为这些人也在攻击阿吉说他领导无方用人不当）。

正是因为存在各种各样的潜在风险，高度重视良师这一问题绝对是非常必要的，尤其是在你20多岁或30岁出头时。定期反思下列问题将会有所帮助：

- 最近，我和哪些人建立了良师型指导关系？这些人在我的事业发展中起到了哪些作用？他们的作用都充分发挥了吗？
- 如果我的良师不多，或者良师组合不合理，或者良师权力较小，原因是什么？是因为我的工作性质使我得不到高层领导的赏识，还是我的工作业绩或声誉不够出色，难以引起他们的关注？是我不愿意去找良师，还是他们愿意帮我但我不予理会？抑或我所处的环境中根本就没有多少良师？

6

英语中常常被引用的一句话就是“权力会带来腐败，绝对权力会带来绝对腐败”。这句话反映了大家对于拥有过多权力的领导者的担心。[9]我们之所以关注权力配置过度，是因为担心它必定会导致滥用权力。这实在是一件非常具有讽刺意味的事，因为现代公司中的最大问题并不是权力配置过度，而是很多人（特别是领导者）的权力太小或太少。[10]而只有更好地帮助人们管理其职业生涯，特别是在职业生涯初期，我们才能改变这种局面。正像本章前面所指出的那样，我们应当致力于：

- 使年轻人进入一个与他们的兴趣、价值观相符，并能够发挥其能力、扬长避短的工作环境。
- 帮助他们利用这种契合所带来的杠杆效应去发展人际关系、增长知识、提升技能，并完成出色的工作业绩。
- 教会他们如何选择准备解决的问题并将它们合理排序，从而正确地运用自己的权力，躲开那些超出其能力范围的问题，然后逐步形成自己的成功特质，不断扩大自己的权力基础。
- 不要让他们仅仅把加薪和晋升作为事业成功的标志，而应当选用更合适的权力发展衡量指标。
- 确保他们以正常的速度晋升，既不太快也不太慢，从而避免破坏其成功特质。

- 帮助他们拥有一种极其重要的权力资源，即与良师、教练、支持者这类重要人物的良好关系。

帮助人们做好上述这六点确实不易，但是并非不可行。由于未来的社会发展需要更多的高效能领导者，因此我们必须做到这些。

第8章

职业生涯中期

善用而不滥用权力

▼

那些在职业生涯初期打下了牢固权力基础的管理者，在其职业生涯中期通常就能够发挥巨大影响力了。这时候他们身居要职，其一举一动、一言一行都影响着成千上万的人，有时甚至以百万计，可以说他们已是名副其实的重要人物，是真正的成功人士。

对于这些成功人士，人们通常认为他们大概不会再有权力问题了，因为他们在逐步升迁过程中所经历的种种斗争都结束了，他们已经到达了成功的彼岸，终于大权在握了。

但事实远非如此。

1

1977年春，一家金融服务公司62岁的CEO被选为董事会主席，一位负责公司财务的48岁的副总裁被任命为他的继任者。这一变动宣布后，尽管很多内部员工觉得意外，他们原以为继任者是负责营销的副总裁，但总体上大家还是很拥护这一决定。

新任CEO就职后不久就着手消除他心目中的一个潜在危险，他十分清楚营销副总很想担任CEO一职，毫无疑问他现在会极度失望，因为他已经60岁，很难再有升任CEO的机会了。他知道营销副总在失望之余不会像他期望的那样与自己紧密合作。为此他想了好几个方案来避免出现这种局面，并且还与这位副总进行了几次试探性的谈话，提及是否可能到其他公司担任高级职务，但是这些讨论并无结果。这位CEO一心忙于尽快熟悉新工作，无暇顾及落实他的其他方案。他认为即便真的出现了问题，他也可以应付。

9个月后，他与营销副总的问题开始明朗化了，尽管他们之间没有任何明显争执，但营销副总就是不像其他副总那样与他积极配合，而且总是不断地在一些小问题上与他作梗。他几次试图就此与营销副总谈话，但他们的谈话十分尴尬，没有取得任何成效。他曾想把此问题报告董事长或提请其他副总讨论，但因为没有掌握任何实质性证据，他只好作罢。

又过了几个月，他和营销副总的关系仍然没有任何改善，新任 CEO 觉得这样下去将严重影响他的工作，董事长也会对他不满。他知道为了成功制定和顺利实施新的公司战略以适应竞争日益激烈的市场环境，就必须得到所有副总的全力支持，因此，他不得不决定：要么让这位副总离开公司，要么将他降职。但是在他准备行动时，他发现了一些令他不安的事实：营销副总的权力很大（超过了他的想象）。为了不被挤走，他可以采取非常强烈的抗拒行动；如果他抗拒的话，这种行动会给公司造成极大的伤害。

在金融服务业中，市场部和销售部历来被认为是成功的关键，该公司向来以拥有一支优秀的销售队伍而闻名于业内。销售人员的大量流失或者销售部门出现严重混乱将对公司运营绩效产生重大影响。新任 CEO 对此很清楚，同时他也知道营销副总在公司已经干了 25 年，曾亲自招聘了许多营销人员。但他并不知道营销副总在销售队伍中非常富有人缘，而且他还和三四十家最大的客户保持着非常良好的关系。随着新任 CEO 对新情况了解的深入，他意识到在他早先停止和营销副总讨论另谋高就时曾以为可行的一种选择——强迫副总离职，现在看来根本不可行。

新 CEO 上任刚一年就发现自己陷入了极端痛苦的两难困境：他需要依赖一位关键部下，但这个人却竭力抵制合作，而且其影响力还非常强，无法将其赶走，拿他没办法。

我们经常认为，随着一个人在企业内地位和权力的不断提高，由多样性和互赖性所造成的种种问题自然就会消失，即便没有完全消失，至少也很容易处理。但这个例子表明，这些问题并没有消失和弱化，恰恰相反，随着一个人地位的上升，权力倒挂现象将变得越发严重，复杂组织中多样性和互赖性所导致的种种问题在公司高层表现得越发突出和激烈。具有讽刺意味的是，所谓的"成功"在这里竟然意味着为了解决复杂问题，高层决策者有权做出有可能错误的决策，如果决策错误，他不但会断送个人的前途，而且也会给成千上万的其他人带来不利影响。

30 年前，能够跻身这种环境的人并不多，当时商界和政界的精英们屈指可数，而且很容易界定。现在，由于重要的领导岗位越来越多，成千上万的高级管理人员都要受到这些问题的困扰，将来很可能会有更多的人受到困扰。能否解决好此类问题取决于我们如何应对极为复杂的领导工作所提出的挑战。我们要学习的还有很多。

2

在很多方面，现代企业的主要领导者所处的环境与一般经理人员、专业技术人员差不多，也就是说，他们不得不依赖上司（即便是CEO，上面还有董事会）、部下、同事和外部人员，而且这些人员也可能通过种种复杂的方式相互依赖。作为担任领导的回报，他可以负责一定的资源分配以及拥有对下属的控制权。但是，到了公司最高层，由于其特定的工作性质，他所依赖的人数、这些人员之间的多样性和互赖性程度要远远超过普通经理和专业技术人员。即使考虑到这类工作给他带来了相当大的权力，但与低级职位相比，他所面临的权力倒挂现象要严重得多。

例如，一位负责一般管理的中年高级经理通常有以下的职责：[1]

- 长期职责——确定企业的部分或全部主要目标、发展方向和重点，包括企业从事哪些业务、如何获取重要资源。
- 中期职责——为了实现长期目标，根据相关业务合理分配资源。
- 短期职责——在相关业务中充分利用人力、物力、财力，力争获取利润。

要履行这些职责，一个中型企业的总裁必须在许多重要方面依靠上千乃至上万的人。这些人中有很多是他部下的部下，其他的则主要是一些外部人员（如客户、供应商、工会负责人等）。要知道，在一般企业里，大多数领导者在参加工作后的前二三十年中，他们只需要依靠二三十个人。难怪许多人甚至不敢想象要是他们不得不依赖几千人会是什么样子。

举个简单的例子就可以说明这一点。例如，一个总裁要依靠 5 000 个人，他想每个月分别与他们见一面，每人每次 15 分钟。假如他愿意每天只用 2 个小时处理公务，其他时间全部用于会见这些人，同时假定为了节省时间，他可以让所有这些人主动来与他会面（这当然是不现实的，这种假设只是为了简化起见），那么，他的每个工作日应该有多长时间？如果你的猜测是 24 个小时以上，你的方向就对了，正确答案是要超过 50 个小时。

有些人可能会觉得这个例子有点儿夸大其词，因为他们认为尽管总裁依靠的相关人员可能多达数千人，但他真正依赖的不过就十几个人，最多不超过一百人。尽管其他人也有点儿用，但他们不足以对他的工作业绩产生重要影响。持有这种观点的人如果和大通曼哈顿银行的高级经理们交流一下，也许他们就会改变看法。大通曼哈顿银行的经理们正在忙着处理“德莱斯代尔事件”，这几位都是事业部总裁，他们管辖的员工人数在 1 万到 10 万之间，其中有 9 个职员（他们与总裁之间隔着很多管理层级）——他们的办公室位于大通曼哈顿银行总部的地下室三层，为银行“创造”了 1.35 亿美元的损失。《华尔街日报》称此事件对“大通曼哈顿银行的声誉造成了重创”。[2]

如果公司高管需要依赖的人员存在高度的多样性，情况将变得更为复杂。公司总裁一般要同时应对两个方面的强大压力：一方面是金融市场要求企业的收入每个季度都保持稳健的上升趋势；另一方面，技术研究、产品开发和公司规划等部门的人员则认为，尽管有可能影响企业短期收入，企业仍然应该坚持为某些重要的长期项目提供稳定的资金支持。他同时要协调两个方面的意见：一方面是重要客户要求提供更快捷的服务、更优惠的价格等；另一方面公司的生产和销售经理担心这样会超出预算，同时他们还要兼顾其他客户。此外，他还要安抚一些资深经理，他们认为野心勃勃、晋升很快的年轻经理对自己构成了威胁；同时他又要说服那些年轻的经理，因为这些人认为“已爬到权力顶峰的老家伙”是他们事业发展的绊脚石。由人员多样性所导致的严重的持续性冲突还可以列出很多种。

持幼稚观点和玩世不恭观点的人往往低估不同人员

之间的多样性和处理这个问题的难度。他们把工作看成是单一的，其主要任务就是“股东财富最大化”或“销售额最大化”等。他们不关心公司的诸多关联群体或利益相关者，他们不知道高层领导的工作之一就是要设法满足所有这些群体的合法要求，这是一个十分艰巨但又很重要的工作。[3]

当然，在处理这些问题时。总裁所拥有的权力也很大。他的职务为他带来了资源和权力，但正是这些资源和权力在某种程度上反而加大了工作难度，因为他在拥有权力的同时也肩负着非常重要的伦理和道德责任。总裁的决策会对现在及未来的许多人（甚至有可能上百万）产生影响，因此这项工作要求他必须十分谨慎。但是由于牵涉的人太多、相互之间利益冲突过大以及复杂技术等带来的许多不确定性因素，要确定哪一个方案才是最佳决策极为困难。

我们以伦道夫·巴顿（Randolph Barton）先生遇到的难题为例。他是帕克兄弟公司的总裁，[4]这家公司现在隶属于通用机械公司。帕克兄弟公司是一家受人尊重的拥有百年历史的制造企业，主要生产游戏产品和玩具，其中包括强手棋产品㊀。1977 年，公司生产了一种新型玩

㊀ Monopoly，由 2～6 人参加，按骰子所掷点数走棋。——译者注

具，名叫“里维顿建筑拼板”，这种玩具每套售价不到 20 美元，很快风靡一时，当年就卖了近 50 万套。对于一家年收入 1 亿美元左右的公司来说，这是一次巨大的成功。

1978 年 4 月 4 日，巴顿先生接到了美国玩具制造协会打来的电话，被告知大约 3 个月以前，威斯康星州麦罗摩尼夫斯的一个 8 岁男孩在玩里维顿建筑拼板玩具时被一枚铆钉刺入左肺窒息死亡。当时这个男孩正在走廊里和弟弟一起玩垒球，他嘴里含了一个铆钉，突然他就被卡住了。男孩的父母进行了人工呼吸但没有效果，刚送到医院他就死了。随后，美国联邦消费者产品安全委员会对该事件进行了调查，决定不对帕克兄弟公司进行制裁。巴顿先生知道该玩具符合行业（自愿性）和政府的产品安全标准，而且该男孩致死的原因是使用不当，因此巴顿决定暂时不做什么改变。

1978 年 11 月 16 日（星期四），巴顿接到新泽西州一个报社记者打来的电话，告诉他在新泽西的凯尔尼，一个 9 岁的男孩也因被里维顿建筑拼板中的铆钉卡住而窒息死亡。三天后，巴顿才证实了这个消息并掌握了详细的资料，这个男孩的死因与第一个孩子一样，也是因为铆钉刺入了肺部。

巴顿不得不再次做出选择。一方面，两个孩子的死因是玩具使用不当，尽管该玩具符合甚至超过了相关安全标准规定，到目前为止，政府也没有对公司施加任何压力。这个时候采取任何行动都将是一笔不小的开支（例如，如果选择召回全部产品，公司当年的利润将变为零，这会危及新产品开发，本公司与通用机械公司的关系将变得紧张，很可能还会影响到员工的奖金和涨工资）。另一方面，如果不采取行动，则是在拿其他孩子的生命和公司的声誉冒险。

这个例子看起来比较少见，但实际上比这复杂得多的事件每年都有。宝洁公司的Rely牌卫生棉条事件㊀就是一个很好的案例。[5]其他一些影响较小的案例更是经常发生。在这些案例中，如果高级管理人员能够冷静地收集有关缺陷产品的信息，同时不急于做决策，对企业将极有好处。但是在现实中，各种压力和利益关系使得领导者很难这样做。通常，在还没有掌握全面信息时，领导者就必须快速采取行动，各方面的压力极易使“有道德的人做出不道德的决策”，这是帕特里克·莱特（J. Patrick Wright）所著的《通用汽车公司》[6]一书中第四章的标题（顺便说一下，前例中的巴顿先生最终还是认为

㊀ 宝洁公司在得知一妇女在用了该公司生产的Rely牌卫生棉条而发生中毒性休克综合征（TSS）后，主动从市场上撤回该产品，并登广告提醒患有TSS的妇女，要她们退回所购的Rely牌棉条，由公司给予补偿。为此该公司损失7 500万美元，并将它们极为看好的一种品牌割爱。——译者注

儿童的生命和公司的声誉更重要，他下令召回了全部里维顿建筑拼板玩具）。

3

一般而言，成功的经理人在其职业生涯中期已经拥有了相当大的权力。但是由于其岗位的特点，他们仍然常常有挫折感，觉得自己没有足够的权力，难以有效、尽职尽责地履行职责，也不能真正发挥领导作用。就像前例中那家金融服务公司的新任 CEO 一样，他虽然当上了 CEO，拥有了此岗位的一切资源和相应的权力，但仍然缺乏解决重大问题所必需的影响力。

之所以出现这种相当一般的权力问题，有很多原因。有时候，特别是一个人在职业生涯初期就突然被提升到一个自己不能胜任的高层管理位置，确实会出现这种问题。这时，他们的表现必然欠佳，而且常常会滥用权力。

下面这个案例讲的是一个小型生产企业，该公司曾经在其同行业中遥遥领先。1974 年当我对它进行调查时，发现它已衰落了，经营十分困难。经过调查我发现，该公司的衰落主要发生在前总裁（现已去世）在任期间。此人曾任销售部经理。公司创始人在退休时，指定让他接任总裁。公司创始人膝下无子，一直把他当作儿子看待。

虽然往事难以重现，我们不知道他接管公司时的具体情况，但有证据表明：他的情况与前述案例中金融服务公司的新任CEO很相似，也是接受了一份自己完全不能胜任的工作。以前他一直做销售，从来没有负责过全面管理工作，没有管理过几百名下属，也不懂生产和会计。成为总裁后，为了便于管理，他悄悄地对公司进行了改组，改组后他的直接下属不再只是六位副总裁，而是22个人，其中大部分人都是六位副总裁的下属。虽然这一调整最终给公司造成了很多严重问题，但至少在几年内他不必过分依赖两位关键副总裁（一个负责市场销售，另一个负责生产）。同时，尽管公司的业绩在下滑，他却不关注公司的发展和盈利目标。包括他采取的另外一些做法在内，大多都是他滥用权力的体现，其基本思路是弱化与总裁工作相关的依赖关系，以便使自己能够控制局势。在他六年任职期间，相关做法使公司元气大伤。

即使是那些在职业生涯初期起步非常顺利、工作富有成效并且很有责任心的人，也很容易在这方面栽跟头。约翰·德罗宁（John DeLorean）是一个很好的例子，[7]在通用汽车公司工作的前15年中，他被认为是一位业绩卓著（大多数会计人员这样认为）和非常成功的经理人。但是后来，当他建立德罗宁汽车公司的梦想破灭后，他采取了在世人看来明显是滥用权力的做法。

在某种程度上，产生滥用权力现象的原因是已经相当成功并很有抱负的人在内心深处不愿对别人说："不，谢谢你，我想我自己创建公司的条件还不成熟"或者"我想我还没有做好担任公司总裁的准备"。的确，一些能力出众、事业有成的经理人常常会患上"成功综合征"，很容易产生一种"我无所不能"的心态[8]（德罗宁肯定也是这样）。这种心态有时会使他们在个人事业发展到顶峰的时候遇到麻烦，特别是在让他们去从事一个全新的行业或作为空降兵去管理一家大公司时。

这种现象的一个典型例子就是罗伊·阿什（Roy Ash）。[9]在其职业生涯初期，阿什曾协助把立顿实业公司（Litton Industries）建成了"美国商界最佳企业之一"。后来他去了华盛顿，在那儿萌发了成立一家管理及预算公司的念头，之后他用了一段时间进行个人理财，并准备出版一本书。此后，他又想重操旧业，做点儿管理工作，于是就选择了 Addressograph-Multigraph 公司（现在叫 AM 国际公司）。

AM 公司是一家设立在克利夫兰的专门生产办公设备的公司。在 20 世纪 70 年代中期，它的年收入约为 6 亿美元。由于它一度领先的产品系列受到新的竞争对手，如施乐公司、IBM 公司和柯达公司的挑战，至少有一部分董事认为公司需要“转向”。一位公司董事与一个投资银行家交流过看法，这个银行家后来又向阿什提及了此事。阿什仔细研究了该公司的财务状况，认为他可以在这家公司大有作为，于是他花了 270 万美元买了 30 万股 AM 公司的股票，并且接受了 AM 董事会的邀请出任公司 CEO。

与其他到一家新公司和新行业担任高级职务的人一样，阿什也具备一些有利条件，他是公司的 CEO，同时是公司最大的股东，在来公司之前有良好的职业声誉，他聪明，在立顿公司和华盛顿的多年磨炼使他经验丰富、成熟老练。

阿什很快发现了公司的一些基本问题，随后以像教科书一样完美的方式开始采取行动。在他接管 AM 公司一年半之后，《财富》杂志发表文章对他大加赞扬。我的一位在麦肯锡咨询公司任职的朋友认为：阿什应对公司挑战的方法非常有效，因此他常常把这篇文章推荐给准备实施大规模组织变革的咨询客户。出于同样的原因，我在哈佛商学院开设的一门课程中也用过这篇文章。

《财富》杂志的这篇文章写于 1978 年年初。1981 年年初，AM 公司的董事会把阿什解雇了。在阿什任职期间，公司的销售额增长缓慢。1978 年的销售额是 6.66 亿美元，1981 年仅增长到 8.57 亿美元。公司 1978 年的利润是 2 100 万美元，1979 年却降到 1 200 万美元，1980 年又降到 600 万美元。1981 年居然巨额亏损 2.45 亿美元，而同期的债务却由 9 200 万美元猛增至 2.5 亿美元，资产净值由 2.18 亿美元下降到 1 400 万美元。

《商业周刊》最近发表了一篇关于 AM 公司的事后分析报道，其中并没有批评阿什的基本策略。人们也一致认为阿什的那套做法十分“对症”。但是，援引公司一位资深经理的话就是：“管理层的基本方向是无可指责的，但是执行过程却有很多问题，这才是公司一团糟的真正原因。”

虽然罗伊·阿什初到 AM 公司时拥有那么多有利条件，但他缺乏两个最基本的条件：缺乏对产品、技术、市场和有关人员的深入了解，还缺乏与相关各方的良好合作关系，而这两条对于战略执行是极为重要的。虽然按照今天的标准来看，AM 公司并不算太大，但是管理者仍然要应对大量的信息和大量的人员。缺少了这些资源支持，有效地实施重大改革计划就只能是空谈。只要不是在非常小的公司，要从头开始建立这些权力基础通常要花相当长一段时间，实际上这也是公司高级管理人员极少横向流动的主要原因之一（这和我们从商业媒体报道中得来的印象完全不同，那些报道并没有反映整体情况）。[10]

4

即使是选择了自己力所能及的工作，成功的经理也常常遇到权力难题，这是因为他们所处的复杂环境有许多陷阱，他们在进行战略选择和战略实施时很容易犯错误。

几乎所有企业的每一位经理都把企业稳步发展作为他们的核心工作目标之一。他们这样做的原因是：随着企业的发展，可控资源将不断增加，这将使他们能够更容易地处理众多的复杂关系。企业发展意味着更多的就业机会，处理员工关系就会变得容易。企业发展意味着分红增加和股价上涨，处理股东关系就会变得容易。企业发展还意味着向更多的供应商采购或租赁，处理与供应商和银行的关系就会变得容易。

新兴企业多以扩大产品和服务的市场份额来谋求发展。但经过一段时间之后，当市场达到了饱和状态，为了获得更大的发展，它们就只能去抢占竞争对手的份额。在成熟市场中通过打击竞争对手提高市场份额的做法很难成功，风险也很高，因此某种程度的多元化经营变得势在必行。企业可以通过内部拓展或外部并购来实现多元化经营。这就是说，企业必须提供新的产品或服务。

多元化经营肯定会提高人员之间的多样性和互赖性，

使高层管理变得更加复杂。如果企业多元化进度过快，就会使能力不够的员工进入管理岗位。但由于企业采取的是多元化经营，特别是通过并购形式，销售额和利润上升了，管理者不称职问题往往需要很长时间才能被人们发现。

一般说来，选择高度多元化战略的公司，这种公司被称为联合企业（conglomerate），其业绩大都不如多元化程度较低的公司，[11] 这是正常的。无独有偶，那些在20世纪60年代末和70年代初大搞多元化经营的公司现在大都在收缩阵线。

美国无线电公司（RCA）走过的路充分说明了这种做法的利弊。[12] 1966年，当戴维·萨尔诺夫（David Sarnoff）退休时，他已经将该公司的营业收入做到了10亿美元，财务非常健康，当时公司主要从事少数几种相互关联的电子类业务。15年后，美国无线电公司已经陆续并购了食品公司、房地产公司、出版公司、金融公司和家具公司，不过大部分又卖了，此时公司的销售利润率只是1966年的1/10。此外，管理层的人员变动非常大，据说公司政治非常盛行。

如果说谋求稳步发展会导致战略选择陷阱，那么公司所处环境的不断变化则会导致战略实施陷阱。现在，几乎所有企业都面临着不稳定的环境。竞争对手不断推出新的产品和服务；日新月异的技术发展使现有的产品和生产流程转瞬即被淘汰；政府的立法不断地改变企业必须遵守的游戏规则；原材料厂商卡特尔联盟的形成或解散造成原材料价格的大幅波动；利率和股票价格的变化也在不断影响着公司的财务成本和不同融资形式的相对优势。

当外部发生重大变化时，企业通常需要先在组织内部进行适应性变革才能处理好外部的各种关系。要进行内部改革自然会遇上阻力，随之而来的就是权力斗争和组织绩效下滑，只有在高管层能够有效地控制变革过程时才能避免这些问题。[13]

下面我们来看一个典型的例子。这是一家中等规模的高科技企业，在20世纪60年代初它一度是本领域的领先者。[14]后来，由于主要客户（由海军变为空军）和业务（由技术研发变为高技术研发）的变化，企业的性质也发生了变化。1963年，为了赢得一份非常重要的合同，公司总裁同意了空军的一项请求——实际上是要求，不用企业的日常职能部门管理这份合同的履行，而是新成立一个项目办公室。空军方面认为，为了便于协调和控制这个项目以及今后的高级研发项目，公司有必要进行这种组织调整。

在新合同的研制工作开始后，总裁不顾负责工程设计和生产的两位副总裁的强烈反对，坚持成立了项目办公室。当项目办公室的负责人，也就是这份合同的项目经理，准备组织一套人马开始履行合同时，却发现工程部的许多经理对此采取了强烈的抵制态度。负责工程设计的副总裁有一次甚至声明："工程部历来都是负责技术设计的，据我所知，今后仍将如此……我认为你所提出的今后所有客户的联系工作都由项目办公室统一操作毫无必要，而且也行不通。"

随后，新成立的项目办公室与原来的各个职能部门（尤其是工程部）冲突不断，公司开始出现工期超时、费用超支现象。空军方面也变得越来越不满。1964 年 11 月，公司发现成本费用已经超支 30%，项目进度也比计划慢了 4 个月，这遭到了有希望成为其未来最大客户的空军的强烈批评。

企业为了适应外部变化而对自身进行组织调整时经常出现上述问题，这种情况很常见。我的一位同事斯坦福大学的杰夫·普费弗教授曾告诉我，当他在经理培训课程中讲这个案例时——不过把公司换了个假名，叫联邦雷达公司通常会有一半的学生认为这个案例是根据他们自己公司的情况编写的。

其实，组织调整和战略实施错误都是可以避免的，关键在于企业要有强有力的领导，领导者要从长远考虑，对将来必须进行的变革要有敏锐的预判，要能正确判断什么时候会遇上阻力，以及这种阻力背后的原因是什么，还要制定一套切实可行的周密计划来减少或克服这些阻力。

20世纪50年代中期Stop & Shop公司采取的变革行动非常值得我们学习。这是一家连锁超市公司，总部设在波士顿。[15] 自第二次世界大战以来，连锁行业发生的一系列变化及其迅猛发展，使该公司的利润不断下降。管理者认为，唯一的解决办法就是将部分决策权力“下放”。权力下放会导致企业的各个管理层级改变其行为方式。由于意识到这一举动的牵涉面很广，尤其是许多老员工不愿意改变，管理者采取了下列措施来减少和消除各方面的变革阻力：

- 对公司的正式组织结构进行了调整，主要是在管理层级的底层设置了一个新的、权力较大的管理职位（店长）。
- 进行了一系列人事变动。例如，把剖析公司问题和设计变革方案的那些经理安排到一些重要岗位上，以便于让他们具体领导变革实施过程。
- 建立了新的信息管理系统，定期向公司的基层管理人员提供员工工资、库存情况和其他数据资料。

- 针对受变革冲击最大的经理开设培训课程。
- 针对受变革冲击最大的经理召开一系列小组会议。这种定期召开的会议可以帮助他们适应变革，同时对于那些抵制变革的管理者来说，这实际上也是一种压力。

由于高管层精心组织实施并且密切监控变革过程，公司顺利地完成了变革，跟上了行业的发展变化。公司的利润在经过了五年下滑之后开始回升，并且在随后的几年里持续增长。

5

作为一个成功的经理人，要想在复杂的企业环境里负责任地、有效地应对种种问题，首先，他要对本书第二篇中提到的三大关系有清醒的认识，并且要有处理这些关系的高超技巧；其次，他的职业生涯必须有一个很成功的开始，这样才能掌握足够的权力来应对领导工作的严峻挑战；再次，他还应该了解自身的局限性，特别是在做重要战略决策（如多元化经营）和实施重大变革时；最后，他必须有一种强烈的伦理道德感。

有关公司社会责任和企业伦理的讨论最后往往都变

成了对企业的批评，说它们“干了坏事”，少数情况下是表扬，说它们“做了好事”。现在大部分群众都认为：我们急需的是能够把公众利益看得高于公司利润的高级管理者。[16]就这么简单！

在现代企业从事高级管理工作，要想进行有效领导，只靠“做好事”是不行的，更关键的是要能做出符合伦理道德的判断，也就是说，首先要综合考虑所有受到公司决策和行为影响的人或团体，其中大部分是很容易找出来的（例如：大客户和股东），但也有一些不易察觉（例如：河流下游地区的人们饮用了上游地区一家工厂排出的废水）。其次，决策者还必须能够全方位地（而不仅是从经济角度）理解人们的利益所在。最后，决策者还必须能够准确预测公司的决策会给这些人带来哪些影响，不但要能够预测第一轮、第二轮影响，甚至要预测第三轮、第四轮甚至更多轮次的影响。

在我认识的所有真正伟大的企业领导和政府领导身上，我都能发现这些品质和能力。从某种程度上讲，正是这些能力才使他们区别于其他同行，那些人虽然也很有天赋，但与这些真正的领导者相比，其为人处世略显幼稚或玩世不恭。

第9章

职业生涯晚期
大方让权

▼

要想让当今的企业更好地为我们服务，不仅要求人们像前几章所述的那样发挥领导作用，而且需要这些人在适当的时候愿意并且能够放弃权力。

现代企业的大部分领导者在六七十岁时就要退休，也就是说，他们需要寻找继任者，并将自己的工作移交给这些年轻人。然而，在拥有了10～30年大权在握、呼风唤雨的经历之后，相当一部分人很难从容地放弃权力。管理层的换班问题可能会导致十分严重的后果。

1

1946 年，45 岁的威廉·帕利（William S. Paley）成了哥伦比亚广播公司（CBS）的董事会主席兼 CEO。[1] 在此后的 20 年间，他将一个年收入不到 1 亿美元的公司变成了一家集通信和娱乐为一体、年收入近 10 亿美元的产业巨头。同时他还在广播集团内建立了核心业务，即举世闻名、非常成功的电视网络。

1966 年，在帕利 65 岁时，他并未退休。虽然 CBS 有强制性退休制度（董事会因为帕利的原因决定不执行此制度），尽管他已经挑选了一位受人尊重、非常称职的接班人弗兰克·斯坦顿（Frank Stanton），但帕利仍然在坚守岗位。弗兰克·斯坦顿那时 58 岁，已经在 CBS 当了 20 多年的总裁。尽管如此，帕利不愿退位，他甚至没有把 CEO 头衔授予斯坦顿。

1969 年，为 CBS 服务了 20 多年的资深经理约翰·施耐德（John A. Schneider）被任命为执行副总裁。很多人认为到 1973 年斯坦顿 65 岁时，董事会会像对待帕利一样不对他执行强制退休制度，任命他为董事会主席，让施耐德接任总裁。但是这一切并没有发生。

1971 年，施耐德离开了 CBS。据帕利说："施耐德没有把事情搞定。他的专长和知识在于广播电视行业，但是作为一家大公司的负责人，他必须面对复杂的业务决策和金融决策，他觉得应付不过来。”在ITT公司工作的并购专家查尔斯·艾尔兰（Charles T. Ireland）被请来接替施耐德的职位，他成了斯坦顿总裁位置的继任者。但是半年之后，艾尔兰由于心脏病突发意外死亡。

1972年，帕利正式放弃了自己退休、让斯坦顿接任董事会主席兼CEO的计划。帕利曾写道：“退休并非解决之道。于是我行使特权使自己继续留任。毫无疑问斯坦顿会很失望。”帕利在71岁时，将斯坦顿任命为董事会副主席，这是为斯坦顿1973年的退休做铺垫。同时，他从国际纸业公司（International Paper）请来阿瑟·泰勒（Arthur R. Taylor）担任总裁。泰勒当时年仅36岁，只在国际纸业公司工作了两年。在此之前，他曾在第一波士顿公司（First Boston Corporation）担任了九年副总裁。

1976年，CBS广播电视集团在黄金时段收视率的排名中跌到了第二位，位于ABC之后。ABC一位年轻的电视节目“天才”弗雷德·西尔弗曼（Fred Silverman）实现了NBC和ABC[㊀]员工的梦想。当时已经75岁的帕利对此反应十分强烈。他解雇了泰勒，任命46岁的约翰·巴克（John D. Backe）接替泰勒的职位，此人曾在

㊀ CBS与ABC、NBC为美国三大电视网，ABC是美国广播公司，NBC是美国全国广播公司。——译者注

Silver Burdett公司和通用电气公司担任过高级管理职务，于1973年到CBS从事高级管理工作。

在1976～1979年期间，巴克使CBS的年收入从22亿美元升至37亿美元。他战胜了ABC，重新夺回黄金时段收视率第一的宝座。据《商业周刊》报道，他正在带领CBS准备进入“一个新的通信时代，快速的科技发展将使它在20世纪80年代正式出现”。在此过程中，他给CBS董事会留下了深刻的印象，并赢得了CBS各分公司的尊敬。但是，在1980年5月8日下午，78岁的威廉·帕利解雇了巴克。此后不久，他宣布绿巨人（Green Giant）公司的CEO、50岁的托马斯·怀曼（Thomas Wyman）将加盟CBS，担任总裁兼CEO。托马斯·怀曼在加盟绿巨人公司之前曾在宝丽来（Polaroid）公司工作过。他是被重金吸引到CBS工作的，具体激励措施包括先付给他100万美元、尔后连续三年每年80万美元补偿金。

我第一次遇到怀曼先生是在1981年11月。他刚组织了一次大约50名高级管理人员参加的季度会议，这在CBS历史上是前所未有的。这次会议的议题之一是“职业发展”，看起来CBS的高级管理人员似乎认为公司在培养下一代管理人员和专业人才方面做得不够。他们邀请我就这个议题讲一下（帕利先生当时不在场）。公司人力资源部负责人介绍我时特别提到我曾写过一篇题为《管理你的上司》的文章，并且开玩笑说他正准备把这篇文章送给怀曼先生。所有人都非常紧张地笑了。

直到80岁生日过后，威廉·帕利才迫于压力不情愿地退休了。

2

也许更普遍的让权问题是某位高管宣称自己“退休”了，事实上却退而不休。他虽然表面上将指挥棒交给了继任者，但并没有退出舞台。或者他只是暂时引退，很快又东山再起。

一个典型的例子就是西德尼·格罗斯曼（Sidney Grossman）。20世纪70年代末，格罗斯曼不再担任费城一家小型保险经纪公司的负责人。他将生意交给了儿子并移居佛罗里达州。据《华尔街日报》报道：“在此后两年的大部分时间里，他经常给儿子打电话，要么是表示不满，要么是检查工作，有时仅仅是聊聊天。”[2]

这方面的另外两个知名案例就是亨利·福特二世（Henry Ford Ⅱ）和哈罗德·杰宁。福特二世多年来一直承诺要在65岁生日时或之前退休。在1979年的一次采访中，他说：“尽管没有人相信我说的话，但我还是准备在62岁时交出福特公司的控制权。”[3]他还说这次一定要彻底退出：“一旦我放弃了CEO的职位，我将不参与董事会下设的任何一个委员会。我也不出席任何一次战略/策略会议或产品会议等。我不再与公司保持任何联系。”

出人意料的是，福特二世真的在那一年将公司交给了菲利普·考德威尔（Philip Caldwell）。他甚至放弃了他在汽车公司总部大楼（玻璃大厦）的办公室，搬进了底特律文艺复兴中心的一个办公套间，因为临河的楼群是他协助开发的。但是，他并没有完全切断与公司的联系，他继续担任公司董事，并且执掌了财务委员会主席这一实权职务。据《财富》杂志报道，1981年，当福特公司宣布连续第二年巨额亏损时（当年亏损10.6亿美元），他“悄悄地搬出了他在文艺复兴中心的套间”，搬入“玻璃大厦附近的一座双子办公楼，这里离总部很近，便于幕后指挥”。

哈罗德·杰宁的案例更具戏剧性。[4]迫于董事会的压力，68岁的杰宁在掌管了ITT公司近20年后，于1978年放弃自己的职位，只担任董事会主席。据《华尔街日报》报道，他们“担心联邦法院可能会指控杰宁先生在1973年的参议院听证会上做了伪证，当时的听证会主题是ITT公司是否参与了中央情报局在智利的相关活动”。董事会推选公司首席财务官莱曼·汉密尔顿（Lyman

Hamilton）接替杰宁。此人在丑闻不断的ITT公司中是有名的“清廉先生”。虽然汉密尔顿对此任命有些意外，他还是很快上任了，愤愤不平的杰宁只能被迫退出。

1978年3月，司法部撤销了对杰宁做伪证的起诉。杰宁的一位随从说：“从那时起，汉密尔顿就在劫难逃了。”果然，18个月内，公司董事会就把汉密尔顿赶下了台。显然，杰宁对于汉密尔顿的管理方式以及不听他的建议感到不满，因此杰宁极力游说董事会。据相关人士说，他曾直言：“不是他死，就是我亡。”由于董事会成员大部分都是杰宁选择的，因此他们在紧要关头选择了杰宁。

在汉密尔顿离职以后，按照杰宁的授意，ITT公司的高级副总裁、47岁的兰德·阿拉斯克格（Rand V. Araskog）被任命为公司总裁兼CEO。半年后，杰宁在董事会主席职位上退休，正式把全部公司大权交给阿拉斯克格。尽管杰宁退休了，但他一直在发挥自己对公司的影响力。他仍然是公司董事，并且与公司签订了一份咨询合同，每年收入50万美元，直到1985年到期为止。根据《商业周刊》1980年12月15日的报道，“杰宁经常向阿拉斯克格提供咨询意见”。ITT公司的一位前董事是这样评论的：“有人说杰宁已经没有权力了，但这绝不是真实情况，他还在发挥着影响力。”

在我写这本书时，哈罗德·杰宁 72 岁，尽管他已经正式退休，但依然在 ITT 公司发挥着重要作用。

3

有时候，人们（尤其是幼稚者）很难理解为什么会出现这类问题。大部分人都盼望着退休，为什么这些人反其道而行之？玩世不恭者认为他们不愿意退休的原因太简单不过了，哪个正常人愿意让出有实权的职位呢？

仔细考察这些案例，我们可以发现他们之所以赖着不走实际上有很多更深刻的原因。首先，当你为同一家公司工作了 30 年、40 年甚至 50 年后，通常会强烈地认同该组织，并且对它有一种深深的感情，由于自我与感情的高度融合，退休的想法就好比抛弃自己的一个孩子，甚至就像把身体的一部分器官移入他人体中。也就是说，主动退休是很难做到的。

这种过分的自我投入在企业家身上很常见，他们成功地创建了一家公司，或者在接管公司后使其获得了重大发展（例如杰宁）。这种情况在家族企业中也很常见，公司的大门上就写着你的名字，这通常会产生一种强烈的身份认同感（例如“福特”的案例）。

对于那些生活重心就是工作或者个人满足感主要来

源于工作的人来说，退休也非常困难。很多成功人士发现工作占用了他们绝大部分时间和精力，他们取得成功后又在工作上投入了更多的时间和精力，因为他们发现这样做回报最高。如此循环往复，到了退休时他们就会遇到一个难题：退休后无事可做或者找不到有意思的事情来做。他们把退休看作死亡，因此强烈抵制退休（这种态度并非毫无道理，近年来很多媒体报道表明，完全以工作为中心的人往往在退休后不久便猝然去世）。

有些人不愿意交出权力的另外一个原因是他们的经济状况与公司业绩紧密相连，他们又找不到一个自己信任的人来帮助他们管理企业。创业者和家族企业经营者通常会将大部分个人财产（有时甚至是全部个人财产）投入到公司里面。另外，强势的领导者也往往不善于培养接班人。因此在六七十岁时，他们发现自己害怕退休，这很可能会给他们带来数百万美元的经济损失。

可能还有很多其他原因，但我的观点已经很清楚了。权力使人们不愿意退休，如果施加压力强迫他们退休的话，这些拥有权力的“正直”的人就有可能做出对公司或对特定人群（或者两者都包括）极具破坏性的事情。

大约在十年之前，我遇到过一个悲剧性的例子。这是一家中等规模的服务性企业。一位 72 岁的老先生已经担任董事会主席兼 CEO 达 15 年之久。但故事的主人公并非这位先生，而是东海岸分公司的一位年轻经理。

在这位年轻经理的字典里就没有失败二字。读书时他表现得相当出色，从商学院毕业后，他每两年就会晋升一级。34 岁生日刚过，他就被任命负责集团的第四大分公司。他的家人和朋友都认为他会继续成功，他自己也这么想。

1973 年 6 月，他与公司的董事会主席有过一次会谈，主席强调了保住某个客户的重要性。当时，这位年轻经理认为这话有点奇怪，因为那个客户只占公司业务的 0.5%。他很快就忘了这个会谈。在当年 9 月，他得到了自从加入公司以来最少的一份年度奖金。起初，他认为这肯定是搞错了。在上一年度，他负责的分公司业绩斐然，销售额增加了 15%，利润提高了 18%，部分手下员工因此而被晋升，他们还引入了一种新的服务项目。他随后从公司总裁那里证实这不是一个错误，公司高层“对他没有特别关照某个客户感到失望”，这位客户正准备和公司断绝业务关系。

这位年轻经理试图解释在他看来很明显的道理：对于公司来说这个客户不是十分重要，如果特别关照它，结果将是所失大于所得。总裁明确表示他没有兴趣听他的解释；相反，他关心的是听董事会主席的话：保住那个客户。

年轻的经理马上就想辞职走人，但他越想越觉得不能这样做。他反复考虑以下让他烦恼不已的问题：他如何向其他人解释辞职原因？如果他准备应聘的新单位到这家公司调查，他的现任上司会说些什么？如果上司说坏话，会对他的职业生涯产生什么影响？会给主要依靠他的家庭带来什么影响？接着，他开始担心：也许董事会主席掌握着关于这个客户重要性的信息，而他不知情。是不是他太自负、太不敏感、太不忠诚？按照上司的要求去做又会有什么坏处呢？有时候他不是也要求下属做些毫无意义的事情吗？既然上司已经下了命令，那他还等什么呢？

1974 年 10 月，这位经理开始采取一系列措施，将他和下属的注意力从其他客户那里转到那个特殊客户身上。他总是想方设法在这么做的同时，尽量兼顾公司其他方面的利益不受损失。但在有的时候，损失是不可避免的。例如，他因为太忙，有三次未能参加员工培训活动。他从预算中拨出一大笔钱，专门用于这个客户的"招待费"。当一名下属严肃地质疑这些决定时，他就把他调到了其他部门。他自认为这些行动都是为了公司利益最大化，但内心并不能坦然面对。

1975 年，这位年轻经理从公司离职，接受了一家竞争对手提供的一份非常有吸引力的工作。此后不久，他搞清楚了原先上司的真正意图。

那位前任董事会主席已经在他 65 岁和 70 岁时两次推迟了退休时间。在 1973 和 1974 年，几位董事会成员向他施加压力，要求他退休，因为他们认为他已经不适合领导这家公司了。在争取董事会的过程中，董事会主席指出 20 多年来他为公司成功地留住了五个客户，这在同行业中是一项很不寻常的成绩。当他听说在那五位客户中有一个很快就要中断与公司的业务往来时，他立即采取行动，于是就出现了上文描述的一幕。

在这个案例中，董事会最后强迫这位主席在 75 岁时下台了。没有人真正知道他在最后几年中还做了什么其他有损公司、客户或者员工利益的事情。我们也无从知道这类问题给社会带来的总成本到底有多大，但这个数字应该不会很小。

4

在现代企业里，领导者完全可以避免这些在职业生涯后期容易出现的问题。事实上，每年都有不少卓越领导人顺利地退出企业，戴维·洛克菲勒（David Rockefeller）和雷吉·琼斯（Reg Jones，通用电气公司）是最新的例子。还有一些领导者，如联合碳化物公司前 CEO 威廉·斯尼斯（William S. Sneath）、加利福尼亚美孚石油公司前CEO哈罗德·海恩斯（Harold J. Haynes）和超级瓦卢店股份有限公司前CEO杰克·克罗彻（Jack J. Crocher），还未到法定退休年龄就让位了。当克罗彻在57岁退休时，他这样解释："前些年我是适合这家公司的。但是现在，我认为公司需要一个比我更擅长组织的领导者，在未来十年中，迈克·里德（Mike Reed，他的继任者）将会超越我所取得的成绩。"[5]

成功继任的首要条件是提前做出周密的安排。在法定退休日期到来之前，只用几个月的时间匆匆安排继任事宜，这是没用的。一般而言，有必要用几年的时间来选择和培养接班人，为自己安排好退休后的生活，实现权力的顺利交接。

在选择和培养接班人这个问题上，我们举个例子。卡特-霍利-黑尔（Carter Hawley Hale）商业公司的前任CEO爱德华·卡特（Edward W. Carter）第一次遇到菲利普·霍利（Philip M. Hawley）时，距离后者接替他担任CEO还有将近20年。[6]那时霍利在另一家公司当采购员。卡特雇用了他，随后对他较强的能力印象深刻，便把他调到公司的各个部门让他积累经验，鼓励他读一个高级管理学位，学费由公司支付。在继任前的最后准备阶段，卡特和董事会甚至愿意在公司的名称中加入"霍利"的名字。

成功的引退也需要对离开工作岗位后的美好生活进行认真规划。对于有些人来说，这不外乎是在亚利桑那州安个家，附近有一个高尔夫球场和一些老朋友，可以很方便地坐飞机去看儿孙。也可能是以前工作繁忙，没有时间去培养一些爱好，退休后正好补上这一课（丘吉尔退休后的爱好之一就是绘画）。但是，对于很多成功的领导者来说，退休意味着在公司之外开始一种新的生活，通过参与相关活动，他们能够继续进行领导和发挥影响力。

当我第一次遇到雷吉·琼斯时，他已经从通用电气公司退休一年了，但一如既往地活跃。他担任了大约12家公司的董事，还广泛参与其他活动。有的高级管理人员退休后从事一些咨询工作，另外一些人则喜欢为非营利组织工作。他们积极参与社区、公益或慈善活动。例如贝翠斯（Beatrice）食品公司的CEO华莱士·拉斯马森（Wallace Rasmussen）1979年退休后，便开始在一个州立监狱的理事会工作。据报道，他从这项工作中获得了极大的满足。[7]

最后，成功的引退还要平稳过渡。实际上，我亲眼看到的成功引退都有以下共性特点：

- 有关领导者在正式退休前的2～5年中就开始将职权移交给继任者。

- 同时，领导者开始准备退休后的新生活，他们不会等到最后关头才去准备。
- 因此，交接班进行得非常平稳，不会出现很突然的、意料之外的变故。

也许，确保上述工作得到正确执行的最佳方法就是营造一种组织文化，让人们预期这些事情将会发生。除此之外，现代企业中的每一位领导人，在其55岁或60岁时都应该站在镜子前，看着镜子中自己的眼睛，扪心自问是否真正为退休做好了准备。

- 为了公司的利益，我必须或我应该，在什么时候从管理岗位上退下来？如果退休，我的心情将会如何？如果感觉不高兴，或者我拒绝考虑这个问题，原因何在？是因为我生活中的大部分快乐都来自这份工作吗？或者因为我的利益与工作有密切联系吗？或者其他原因？
- 我真的知道哪些人是公司需要的继任者吗？我是否认真地、全面地培养过接班人，以使他至少能和我一样出色地工作？如果没有，为什么？我应该怎么做才能尽快启动接班人培养工作呢？
- 我是否认真地考虑过，在我退休后，何种活动能够给我带来真正的满足感？我是否已经开始为此做准备？如果没有，是因为为时过早还是我有意拖延？

很明显，对于有些人来说从容地退位是一个难题，因此他们通常需要得到帮助。我个人认为，就CEO来说，可以也应当由公司董事会制定某种形式的制度来帮助他们顺利交班。董事会有权力也有责任启动和监控继任过程。实际上，董事会的职责中没有哪一项的重要性能够超过这一项，因为它对各方利益的影响是如此之大。

董事会参与管理层交接班至少意味着它要做以下工作：

- 确定CEO的退休日期。这个日期可能会变动，但不能没有。
- 至少提前3～4年启动接班人的遴选和培养工作，最好是提前7～8年开始行动。
- 不断地、严密地监控具体进度，包括与候选接班人见面、批准相关培养计划等。
- 至少提前两年开始监控CEO对于退休后的规划。
- 由董事会挑选接班人。让CEO挑选接班人通常是错误的做法。

部分董事会确实是这样做的，它们在管理层交接班问题上发挥了领导作用，但是大部分董事会还没有这样做。这种状况应该得到改变。

第四篇

启示录

POWER AND INFLUENCE

第10章

提高个人工作成效

部分建议

▼

本书各章贯穿着一个明确的观点：那些领导者和即将走上领导岗位的人，如果他们能够对自己的工作进行深入思考并且改变目前的工作方式，那么他们的工作将会更有成效。从本章到最后一章，我将总结一些重要观点以帮助他们及其所在公司提高工作效率。在最后一章，我们将探讨相关重要组织如何做才能在数量和质量上满足未来的领导人才需求。

1

对于专业工作、技术工作和管理工作而言，要想有效地管理环境中的复杂关系，首要的任务就是从关系的角度去反思我们的“工作”，以及对权力和领导问题有一个明确的认识。

古时候，我们的祖先对自然界的依赖远远大于对同类的依赖，这基本上属于他们无法控制的力量。他们在工作中拥有很大的自主权；今天的情况却完全相反。一个世纪以来，技术、社会和经济发生了很大变化，这使得人类对大自然的依赖大为减少，人与人之间的相互依赖日益增多。工作中的自主权也越来越少，它使得大部分人陷入一张巨大的关系网，不同人群之间的相互依赖关系织成了这张网。但我们仍然常常把工作（经理的工作除外）看成一套主要由个人独立完成的任务和职责。甚至一些受过良好教育的人包括部分非常老练的观察家也认为当今的企业是这样一种运营模式：少量的高级经理负责领导，他们指挥一批管理人员，而管理人员则负责监督大批可以独立完成工作的员工（参见图 10-1a）。这种误解显然会影响人们的工作效能。

如今，在一个典型的公司里，从事复杂领导工作的高层管理人员多达上百人，在一些大公司里甚至多达上千人。也就是说，这些领导要依赖许多（通常差异很大的）下属员工，但他们对这些人却大多没有直接控制权。因此，原先那种令行禁止的日子已经一去不复返了。目前的企业运作模式还使得人们必须依赖其他部门或公司才能获得原料、帮助或合作。在企业外部，他们还要依赖重要的客户、关键供应商、政府管理人员、工会和其他一些团体，不同团体常常提出一些相互冲突的要求。即使在企业基层，许多工作也需要员工具备领导能力。与高层管理相比，在企业的中低层管理岗位，管理人员要依赖的人数相对较少，人员类型也不复杂，但是他们拥有的权力也相对较少。因此，依然存在权力倒挂现象。领导能力对他们而言仍然很重要。就个人独立完成的工作而言，员工通常没有部下，也没有多少正式的领导权力。但是，员工的工作常常涉及许多横向关系：他要和同事、其他部门的人员、企业外部的人员等进行工作往来，这些关系对他的工作十分重要，但往往会带来很多问题。还有他和上司（往往有多个上司）的关系，这是很重要的。要想做好工作，他必须得到上下左右相关各方的合作，至少是不反对。所以，在基层工作的员工也同样需要具备一定的领导能力（参见图 10-1b）。

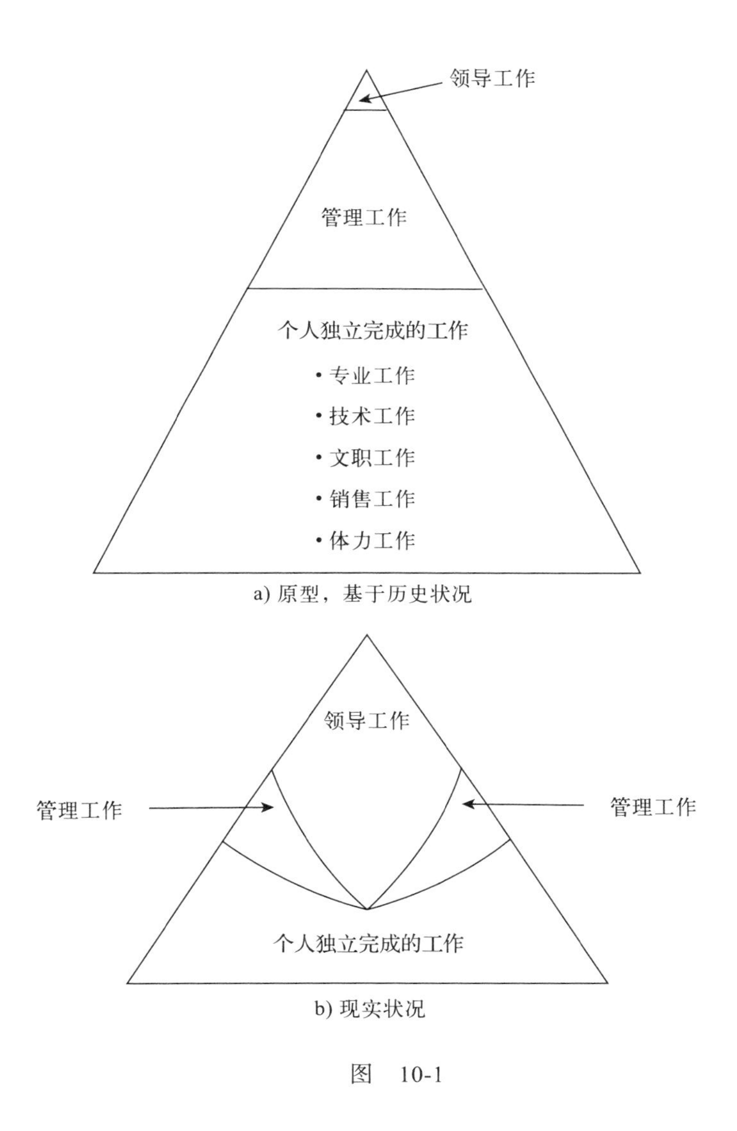

a) 原型，基于历史状况

b) 现实状况

图 10-1

无论职位高低，要想做好领导工作，必须重视关系

问题以及合作与抵制行为。下面是领导者应该经常注意的一些问题。

- 对于已经制定的决策或者正在考虑的决策方案，需要先完成哪些工作才能保证决策方案的顺利实施？如果需要预先完成的工作还不明确（例如在相关决策方案比较重大和比较复杂时），我们应当采取什么行动？
- 要完成这些任务，我们必须得到哪些人的合作？换言之，我们需要哪些部下、同事、上司和公司外部人员的积极合作才能圆满完成任务？我们还可能需要哪些人的合作？获得这种帮助的可能性有多大？
- 哪些人的服从是很重要的？换言之，谁能够阻碍我们的行动或者影响我们的工作业绩？我们还可能需要哪些人的服从？得到他们的服从的可能性有多大？
- 我们与合作者之间存在哪些有可能导致冲突和敌对情绪的分歧？也就是说，我们在目标、价值观、世界观、利益关系上存在哪些重大分歧？
- 导致这些分歧的潜在因素是什么？其中有多少是背景因素引起的，比如社会阶层、教育培训、种族和工作经验等？又有多少冲突是工作和环境因素引起的，包括产品、市场、技术、员工、考核与激励方式、企业目标和计划？

- 基于以上分析，这些员工或团体有多大可能不听从我们的安排？如果不听从，原因何在？是不是他们不了解我们的真正需求，还是他们不信任我们？或者是他们忙于其他事情而无暇顾及我们？他们是否与我们有利益冲突？（这项决策会损害他们的利益吗？如果会，我们真的需要这么做吗？）他们会不会认为这是一项拙劣的决策？如果他们的确这么认为，原因何在？（这真的是一项明智的决策吗？）
- 他们对合作的抵制强度如何？他们凭借什么力量敢于这样做？是因为他们的工作十分重要，还是因为他们掌握着重要信息？是因为他们控制着关键资源，还是因为他们有良好的声誉和业绩？是因为他们有出色的个人技能，还是因为他们有广泛的社会关系？
- 这些有可能阻碍决策顺利实施的人是否与我建立了正式或非正式的关系？如果是，那么在这种关系中我的影响力是什么？他是否曾经受惠于我，对我心存感激之情？如果是，他会对我的哪些请求进行配合？其他人是否认为我是某个领域的专家？具体是什么领域？是不是因为他们喜欢我并且认同我对未来的一些规划？如果是，这种认同感是否强烈？他们是否在某些方面需要得到我的帮助？如果是，他们对我的依赖程度有多大？这种依赖的基础是什么？

- 我还有哪些可以用来解决抵制行为的权力资源？我是否与另外一些人拥有良好的关系，而这些关系能够帮助我与抵制者建立更好的关系，或者对他们施加良性影响？如果是，哪些人在这方面最有用？我与他们每个人的关系各属于什么性质？
- 我能掌握或得到哪些与此有关的信息？我是否真正知道这些人是谁、我们之间有何分歧以及有何共同利益？我拥有的哪些有形资源在此可以发挥作用（同时，其他人也认为我用这些资源是合情合理的）？我的工作经历和名声如何？我能否利用这些与其他人建立更好的工作关系？

对于所有领导者而言，认真思考上述问题都是十分必要的；只要工作中含有一丁点责任，进行此类思考都将大有帮助。除非一个人能从大局角度去思考他的工作；除非他已经掌握了绝大部分必要的信息；而且，除非他关注自己职责范围以外的诸多人等及其行为，否则他就无法在有限的工作时间内准确解答这些问题。事实上，一个人对企业的相关问题和相关人员了解得越充分，他越能够采取有效、负责的行动。

2

从长远角度看，要管理复杂的工作环境，首先要管理好个人的职业生涯。如果不提前进行规划，一个人就不可能有效地应对管理工作、专业工作和技术工作中的领导问题。

第一步，从某种意义上说也是最重要的一步，根据你的背景、兴趣、性情和个人技能选择行业、企业和起步岗位。举一个极端的例子，如果你觉得本书第 6 章中关于“管理上司”的那些建议无法接受，你最好选择一份不怎么受上司约束、独立性很强的工作，如果不适合但你勉强去做，将来对谁都没有好处。

要想选择一个适合自己的价值观、有利于自己扬长避短的职业环境，首先需要对自身和工作进行一次比较评估，这种评估就是要对以下问题进行非常认真的思考：

- 迄今为止，我有多少与同事、上司、部下及其他员工打交道的经验？具体地说，我曾同时与最多多少位上司打过交道？曾同时与最多多少位同事打过交道？曾同时与最多多少位部下打过交道？

- 对于这些关系我处理得如何？具体地说，我跟上司之间出现过多少次摩擦？都是哪些类型的问题？跟同事、部下和其他人员呢？例如，我是否一贯与上司搞不好关系？如果是，通常是因为什么问题？我的行为存在哪些问题？我与同事之间是否发生过问题？如果是，这些问题的产生是否有规律可循，这些人的共性特征（比如年龄、性别、国籍和经验水平等）或环境的共性特征（比如你们的工作关系是否很密切，时间是否很紧迫，等等）是什么？
- 这些问题是否会随着经验的增加而自然消失？如果是的话，是因为我对问题缺乏认识或缺乏解决问题的技巧吗？或者，随着经验增加，是否有些问题继续存在，这是否说明存在更深层的、不易改变的原因？
- 在可选择的工作机会中，每个企业出现多样性、互赖性、冲突、权力斗争和政治阴谋的可能性各有多大？每个企业各有多少种产品、服务、市场和技术？技术是否很复杂？各个企业分别在多大程度上受制于银行、政府和工会、竞争对手和大客户？企业有多少员工？这些人员之间的差异有多大？各企业的工作专业化程度有多高？管理层级有多少？

- 在自己可以选择的入门级岗位中，各个岗位对工作关系的要求是什么？对于每一个岗位，有多少上司对我的工作很关键？同事和外部人员呢？下属呢？我要在多大程度上依赖他们？他们之间有多大差异？他们与我有多大差异？

一旦选择了合适的工作，接下来就是发展个人的事业。明智的做法就是提前计划好该做什么，然后制订具体的行动计划（这种计划要一直坚持做到退休为止），并安排适当的人来执行这些计划（尤其是要得到上司的认可）。另外，你每走一步或者每换一次工作，都要更加注意和所有相关人员建立良好的关系。另外，当你还没有掌握足够的权力时，不要急于去解决某些问题，以免使自己陷入困境。

要想保证事业的顺利发展，在每次换工作之前，必须进行认真的评估。千万不要抵抗不住诱惑去接受一份自己无法胜任的工作，这就要求在寻找（更不用说接受了）一份新工作之前先考虑以下问题：

- 根据这份工作的职责和近期要实现的业绩目标，我必须依赖哪些人？依赖的程度有多大？哪些上司对我的工作很重要？对我重要的还有哪些同事和公司外部人员？哪些部下对我的工作也很重要？
- 我与未来的上司之间有多大差异（是否大到无法调和）？他的能力和权威是否低于同僚（如果是，这可能会给我带来何种问题）？如果我的上司不止一个，他们对相关目标和策略的看法是否一致？他们之间的关系如何？他们中是否有真正的仇敌？
- 这份工作会带来何种权力？也就是说，有多少预算拨款？有哪些决策权？
- 要想在新岗位上表现优秀，必须具备哪些条件？具体地说，需要掌握哪些信息？必须要建立哪些关系？必须具备哪些技能？
- 我能给新工作带来哪些相关的权力资料？对于我负责的产品、服务、市场、人员和技术，我了解多少？我与关键人物的关系如何？我以往的工作履历、个人名声和领导技能对我的工作是否有帮助？
- 在工作的头 6～8 个月里，我还可能得到哪些相关权力？这些权力加起来够了吗？或者我有可能无法解决权力倒挂问题，因此无法进行强有力的领导，也就无法做好工作，从而给自己、公司和家人带来诸多不良后果？

在上述问题中，显然包含了权力和影响力这两方面的重要问题，一个人要想在企业里通过发挥重要领导作用取得和保持成功，就必须对这些问题进行认真思考。虽然有些很成功的经理会矢口否认他们思考过这些问题（因为过分关注权力问题显得太老土或太愚蠢），但是如果仔细观察他们的职业发展历程，不难发现他们的行为模式与我们的分析思路完全一样。

3

最后一点，可能也是最重要的一点，如果想对今天的各项复杂工作进行有效的管理，管理者必须对为什么如此多的人在工作中出现如此多与权力有关的问题有一个清醒的认识。产生这些问题的原因与过去100年间现代企业的兴起所引发的工作性质的变化有着直接的联系，许多幼稚、玩世不恭的人都没有完全认识到这一点。

在人类100万年左右的历史中，各种组织的历史至少也有 6 000 年了。建造了金字塔的古埃及政治组织可能是最著名的一个例子。但是，直到 19 世纪，各种组织的数量都还不多，规模不大，组织结构简单，从业人员也很少。

直至 1820 年，美国稍微像样的组织仍屈指可数。当然，那时已经有了联邦政府和各州政府，但它们的规模都比较小。当时也有一些工厂，主要是面粉厂，但是数量也不多，它们的组织结构也比今天的工厂简单。总体来看，每个组织只有十来个人，全国范围内只有 10% 的劳动力在各类组织中工作，绝大部分劳动人口都是农民，他们自给自足。

看看当时的条件，我们就不难理解为什么当时的组织那么少了。[1] 首先，当时的市场非常有限。当时人口稀少，1820 年美国只有 9 638 453 人，人口密度也较低（华盛顿市的人口只有 13 247 人）；交通和通信设施不发达，从新奥尔良到华盛顿要走一个月。大部分人也没有多少钱去购买商品和享受服务，他们都是贫穷的农民，因此当时既没有大的工业品市场，也没有大的公司。

此外，当时没有能够实现大规模生产的生产方法、机器、工具和动力，或者说虽然有，但是不经济，因此无法进行高效率的生产。当时工厂使用的唯一一种比较经济的动力是河水。即使到了 1840 年，使用蒸汽机生产的成本仍比利用水能贵5～6倍。1820年距计算机的发明还有100多年，当时连简单的信息处理技术都没有，不能适应管理复杂企业的需要。产品或服务供应商如果想扩大规模，它们将很难融到资金。当时甚至没有关于中型企业的组织和管理方法。由于这些原因以及部分其他因素，当时没有大型组织存在也就不足为奇了。

从1820年到美国内战（南北战争）爆发前的几十年里，形势发生了急剧的变化。首先是技术的巨大变化。例如，在19世纪50年代，美国专利局每年公布的专利发明有2 500多项，而在专利局成立的前20年里，每年平均只有77项。当时的发明五花八门，有缝纫机（1846年），有橡胶硫化技术（1839年），还有脱水牛奶的罐装法（1853年）。但是，这个时期真正重要的发展可能是铁路和电报的出现。到1860年的时候，美国已经铺设了三万英里[1]的铁路线，大部分建于1850～1860年。几乎在一夜之间，我们就将在陆地上运送货物、旅客和邮件的速度及可靠性大大提高了。由于电报的发明，人们第一次可以实时地进行长途通信。为了监管这些新行业的众多运营企业以及协调人流、物流和信息流，新的监管机构（外部）和业务流程（内部）应运而生了。同时，

[1] 1英里≈1609.344米。

铁路的建设和发展需要非常庞大的资金供应，由此促成了美国第一批现代资本市场的诞生和发展。也是在这一时期，人口总量迅猛增长，人口密度明显加大。爱尔兰的饥荒和德国的动乱使几百万人涌入美国。1820～1860年间，美国的人口增加了200%多，达到3 150万人。

这些变化又带来更多的变化。交通和通信设施的日益完善、新技术和新的组织形式的出现、人口的增长引发了一场革命，历史学家阿尔弗雷德·钱德勒（Alfred Chandler）称之为“生产和流通革命”。[2]在19世纪60年代，大型百货商店，如纽约的梅西百货、波士顿的菲连斯百货和芝加哥的马歇尔百货开始相继出现。19世纪70年代，安德鲁·卡内基（Andrew Carnegie）建立了钢铁厂。19世纪80年代，肉类生产商[例如阿穆尔（Armour）和斯威夫特（Swift）]创建了全国性的肉类经销网络。

经济的增长、技术的发展和人口的增加不断推动这种社会变革，一直到进入20世纪。生产、交通、流通和通信等行业继续快速发展。在此过程中，企业的发展主要表现为以下方式：[3]首先，企业的经营活动越来越广泛，即企业增加产品和服务的种类、进入更多的市场、使用更复杂的技术。在组织上，企业变得更专业化、更规范化、更加强调分权。换言之，由于企业可以负担各个领域相关专家的全职费用，专业化的工作岗位越来越多。企业同时还制定了更多的规章制度来加强对复杂大型企业的控制。随着企业规模的扩大，少数几个最高层领导越来越难对所有问题做出明智的决策，因此企业的权力开始自上而下地层层分权。

此外，在20世纪特别是第二次世界大战以后，又出现了更多的组织，这些组织要么是为日益增多的大公司从业人员提供服务而设立的，要么是为了监管这些公司而设立的。前一类包括会计师事务所、管理咨询公司、广告代理公司和投资银行。后一类包括地方政府、州政府和联邦政府中的相关机构。大部分此类组织和以前的组织有所不同，因为从事专业、技术和管理工作的人员在这些组织中占的比重非常大。

总而言之，过去150年留给我们的是一个大型复杂组织一统天下的世界，这些组织目前雇佣着全美90%以上的劳动力。今天，这种典型的组织——从只有30人的零售商店到员工达数千人的巨型跨国公司，正在变得更加复杂，并且发挥着更加重要的作用。

当时，许多人没有想到会发生这些变化。今天，仍然有很多人不能真正理解这些变化。

对两个世纪以前的人来说，一个公司竟然有十几万名员工、几千个不同岗位，人员遍布全球，经理人员有数千名，客户有上百万，企业所有者有几十万人，这似乎是一件非常荒谬的事情。对一千年前的人来说，这就更不可思议了。对于一百年前的会计人员来说，在一家会计师事务所里汇聚上千名会计师简直是一件愚蠢至极的事情。甚至到了第二次世界大战期间，还有人对关于八大会计师事务所[㊀]的预言感到震惊。即便是规模很小的现代企业，比如人员不足50、半数员工受过20～21年正规教育的新型电脑公司，对于生活在我们的祖父或曾祖父时代的人来说也是一件前所未闻的事情。

当然，在我们曾祖父的那个时代之后，许多人已经注意到生活中出现了一些明显的变化。我们知道，在我们曾祖父那一代，他们没有开过汽车、坐过飞机、看过电视。对于大多数人来说，主要还是体力劳动，生活也很艰难。但是对于一些不甚明显的变化，我们就不那么清楚了，我们尤其不清楚的是当日的工作环境和今天的工作环境有哪些根本性差异。

我们忘了100年前人们的生活方式是自给自足的。不管是农民（当时大多数人都是农民）、小店主、商人或者专业人员，他们所在的"单位"顶多只有十来个人，因此他们具有相当大的自主权，很少与他人发生工作联

㊀ 目前只剩下四大了，即安永、普华永道、毕马威、德勤。——译者注

系。当时所用的技术很简单，人员组成也很单一，因此人际关系并不复杂。实际上，大多数人（农民）的大部分工作都是独立完成的，他们通常只与极少数人有定期的工作来往。无论从社会阶层还是从受教育程度看，这些人都非常相似。由于当时产品少、市场小、技术简单，相互之间的工作来往大都比较直截了当。

时至今日，企业人员急剧增加，工作环境日益复杂，今昔对比，差距犹如鸿沟。正如我们在本书中已经看到的，现代企业的许多工作只有很少的自主权。员工的大量时间不得不用于和人打交道，有时候要与几百人甚至几千人来往。这些人在教育培训、思想观点和社会背景上也各不相同。各种产品、市场、技术、人员使得人与人之间的沟通和交往方式变得极为复杂。因此，相关岗位的领导技能挑战也不容小视。

定期地分析这些事实非常必要，因为当我们将它们与其他一些关键性历史变化结合在一起考虑时，就可以得出一些极为重要的启示。我们的文化（宗教和伦理）起源于几千年前，远远早于复杂组织的出现。人类的生物起源更可以追溯到几百万年以前。因此，我们的观念和行为在很大程度上都受历史因素的影响，而这些因素与今天的现实有着本质上的不同。正是这些因素使人们对现代企业感到不安，并且使我们渴望回到“美好的过去”。在过去，人际关系要简单得多，人们也有更多的自主权。那时的人们用不着和思想保守的会计人员、油腔滑调的推销员、让人厌烦的工会、身居华盛顿的官僚、进行不“公平”竞争的日本企业、决策者中的白痴等打交道。过去的一切使我们希望退隐山林，远居深山或农场，独住一个小木屋，过上一种更单纯的生活。

这些历史因素对美国的影响尤其强大，因为美国的地理条件和历史进程创造了一种独特的文化：崇拜身强体壮、沉默寡言和独立不羁的牛仔或牧马人。在这一点上，日本和美国截然不同。日本国土面积小、环境封闭、资源匮乏，这就迫使他们相互依赖，进而形成了一种与美国完全不同的文化。[4]

对这些因素及其历史原因的了解，可以帮助我们在采纳本章建议后与他人交往时变得更有耐心，使我们更现实地看待成功和失败，并且至少在某种程度上可以帮助我们避免采取过分幼稚或过分玩世不恭的行为。

第 11 章

领导即社会资本

未来之路

▼

人类文明历来呼唤有能力和有责任心的领导者，但是在今天，我们对这类人的需求变得格外强烈。两个世纪以前，全世界只需要几百个真正重要的领导者。如今，全世界的人口超过了 40 亿，各种复杂组织成了社会的中坚力量，因此，我们需要几十万甚至上百万的精英来从事重要的领导工作。今天，领导力已经成为一种极为重要的社会资源。

本书讨论了许多有关领导者的权力与影响力的问题，只要能够按照本书的思路对这些问题进行认真思考，注意本书提出的各种重要事项，许多人都可以提高自己的领导水平。但只是进行自我反思和个人发展还不够，我们还应该努力创造条件使领导力这种宝贵的社会资源得到不断的发展和扩散。

1

个人领导潜能的开发从一出生便开始了。在人生最开始的5～10年中学会的处事态度和技巧，对于一个人成年后能否发挥领导力起着决定性的作用。身为父母的我们在此期间负有重要责任，这是最复杂和最具挑战性的一种责任。

在出生后的前几年，孩子对周围人群的依赖程度非常高。他们的很多需求是自身无法满足的，因此与周围亲人的关系简直可以说事关存亡。但是，由于他们的要求太高，即便是有求必应的父母、祖父母或兄弟姐妹，也不可能一一满足。因此，有时候他们会受到无意的伤害；有时候大人是有意识地惩罚他们，目的是教给他们必要的生存方法。这样一来，实际上所有人在可塑性极强的年龄段都受过大人们的多次伤害。有些人由于父母关心不够（经济原因或者心理原因），受到了非常深的伤害。

心理学家很早就发现，如果一个人在早期受到其他权威人士的伤害，他就会对权力、掌权者以及权力运作产生一种矛盾情绪。这些情绪有可能表现为他的一些信念：权力会带来腐败、掌权者不可信、所有追求权力的人都是为了利用他人。有时他又会来个180度的大转弯，认为这个世界上的权力很有限，没有权力的人极易受到伤害，因此，人生就是一场争夺权力的零和博弈[一]。

在这些玩世不恭的观点的影响下，人们要么争权夺利，控制他人；要么独来独往，不愿受任何人控制。在现代企业里，这两种做法都行不通，这样做不仅白费力气，而且会处处受挫。当这些人对青少年有一定影响力时，他们又会把这套不正确的观点和做法传给下一代。

如果更多的父母能够时刻记住以下几点，人类社会将受益匪浅：

- 首先，孩子对“上司”的态度在很大程度上会受到父子/母子关系的影响，这甚至会影响他们一生。你也许能够把你的孩子培养成一个最聪明、最正直、最善良的人，但是如果他把上司看成需要进行斗争的敌人或者必须对之俯首帖耳的神明，那你就无法将他培养成复杂组织的领导者。
- 随着发达国家的核心家庭趋向小型化，许多孩子

[一] 一方所失即另一方所得，如赌场。——译者注

的童年将在没有小伙伴或“部下”，即那些比他们年幼的弟弟妹妹的环境中度过。于是父母就有了新的任务：为孩子们创造一个有利于培养领导才能的成长环境，让他们学会如何与伙伴相处，并通过带领比自己小的孩子玩耍去体验什么是责任。注意：我说的是“有利于……的”环境，因为让孩子随便加入一群同龄人并不能保证他可以学到该学的东西。

- 如果大人在孩子面前不注意影响和有意识控制自己，他们的幼稚或玩世不恭的观点很容易就会传染给孩子。如果孩子对“工作”的理解就是辛苦了一天后的父亲垂头丧气、怨三道四，这个孩子一定会对工作有一种玩世不恭的态度。而如果孩子从未听父母谈过自己的工作，或者对于他们的问题“爸爸妈妈上班都干些什么？”父母只是给予极其简单的回答，他们的大脑里就会有幼稚的观点。
- 从 5 岁到 21 岁，孩子与老师相处的时间要超过与父母相处的时间，因此，父母的重要任务就是确保老师们真正尽到了责任。但是，父母往往在这些教育“专家”面前表现得唯唯诺诺，这种态度对双方都没有好处。

2

由于老师与孩子接触频繁，所以他们对培养孩子的领导力负有重大责任。有些老师、有些中小学和大学在这方面做出了卓越的成绩，但是其他老师和教育机构则要逊色不少。

让我们想一想教育机构通常是如何运作的。一个学生的“工作”包括上课、遵守课堂纪律、完成作业和考试及格。作为学生，他必须依赖老师，但是在大多数情况下，由于学生的成绩比较客观、透明，所以这种依赖性并不强烈。只要他们来上课，在课堂上不打扰别人，并能回答试卷上的问题（这些问题通常都可以从书本上找到答案，听不听老师讲课没多大关系），他们就会被认为是好学生。同学之间通常也没有什么依赖关系。虽然学校里经常有某种小组活动，有些人还要参加集体运动项目，但这些活动并不频繁，而且相关表现通常不会被列入学生的成绩考核系统（即考试）。此外，这些活动中通常也不存在领导关系，即便是有少数的班干部或运动项目中的队长，他们的这些活动也不会被列入成绩考核系统。

当然，这一切工作通常都是在复杂的大型教育机构中开展的，除了老师以外的其他员工还有教学辅助人员、行政管理人员等。学生一般不和这些人接触，也不了解他们的工作，学生用不着和这些人打交道。在大部分情况下，学生是见不着教学辅助人员的，也不知道他们做了哪些工作。

学校的相关课程肯定也有一些关于企业工作的课程，但这些课程总体上沿袭的仍然是传统文化观点，和现代企业的实际情况完全脱节。学校传授的观点大致可以归纳如下：首先，“工作”就是主要靠自己完成的某项（或某类）任务，尽管在实际中工作常常需要多人合作。因为企业已经提供了所有必要的工具，工作目标和行为规则也十分明确，再加上有“客观”的绩效考核，因此争取其他人的合作并不是什么大问题，也无须特别注意与其他人的关系。当然，也许我们不能忽略工作环境中的其他人，因为与人交往（至少与某些人交往）会给我们带来好处，但是，这种交往与工作本身无关。按照这种观点，有无领导能力并不重要，复杂的权力运作在工作中根本就派不上用场。

最令人吃惊的是，几乎所有的学校（包括最好的学校）都在提供这种不合时宜的课程。最近我在和两位朋友闲聊时谈到了这个话题。我的朋友住在波士顿城郊的高档住宅区，他们的孩子正在一所堪称国际水平的学校读四年级。学校每年向家长寄四次成绩单。成绩单上大概有50个栏目，其中近40栏是某门课程的成绩（如数学、阅读、科学、美术等），其余大多为学生是否完成了老师规定的各类任务，只有一栏涉及同学关系。这份成绩单上没有一条直接涉及我们在本书第二篇中提到的各种关系和技巧。一条都没有！

在这方面，中学和大学也好不到哪里去。它们虽然同意学生参加课外活动以便学一些领导技能，但是并不对这些活动进行具体指导，或者即便做了指导，也不向学生提供针对其领导能力的反馈意见。

我们对老师的期望总的来讲很高，有些人肯定会说再给他们增加负担实在有点不公平，而且也不现实。但是，考虑到孩子们性格形成阶段的大部分时间都是在学校里度过的，我们必须要求这些学校切实负起培养和开发孩子领导力的职责。如果老师们觉得这项工作过于艰巨，那么我们必须改进老师的挑选和培训过程，并且提高他们的待遇，以便使他们能够履行好这项职责。

3

与其他老师不同，讲授管理课程的大学老师的职责很明确，就是帮助学生开发其领导潜能，为此他们对于人际关系行为、团体行动规律开设了专门的课程，向学生大量灌输“沟通”“参与”和“激励”等概念。然而不幸的是，他们所传授的观点都太幼稚。

在管理教育中，不管是人际关系行为还是团体行动规律，其教材和教学内容都是针对简单环境中少数人之间的直接关系。它们所讨论的企业环境很难与现代化的大企业相提并论，因为在现代企业中人员众多、任务复杂，有时任务并不明确，工作专业化程度高，人员分布各地却又高度相互依赖，信息和技术非常复杂，有正式的组织结构和系统流程。

掌握沟通、参与和激励等观念固然有用，但是如果不把它们与权力、影响力及领导策略联系起来，也就很难抓住关键问题。例如，沟通本身只关注如何使人与人（群体与群体）之间增进了解，减少误会。人们就没有想到：为什么高明的领导者有时故意含糊其词？为什么有时候完全不交流反而是一种最具影响力的做法？如果不考虑权力与影响力因素，参与和沟通一样，也是越多越好。仅从参与本身讲，人们绝对想不到领导者在决定让谁参与相关活动这个问题上会面临非常微妙的选择。人们对让谁（或不让谁）参与、何种参与方式、在什么时间、参与的目的是什么等重要问题就更没有深入研究过。激励不仅被认为“越多越好”，而且与参与一样，它强调的是一种自上而下的导向。大学最经常讨论的问题就是“老板应该怎样鼓励部下”，但是激励、参与以及其他一些流行观念都忽略了以下关键问题：称职的经理与专业人员应该怎样影响他们的上司以获得自己需要的信息、资源和支持？

在某种程度上，这个问题还是和早年时期受家庭和学校双重影响所形成的幼稚的或玩世不恭的观点有关系。上大学后，缺乏符合现实的教材与培训使人们变得更加幼稚或玩世不恭，从而进一步禁锢他们的思想，限制了他们对相关问题的研究和写作，因为幼稚者认为这些问题无关紧要，玩世不恭者认为最好不要让其他人知道这些事情以便自己独享其利。我们必须打破这种循环。

4

学生从大学或研究生院毕业后，雇主就应该承担起责任去创造有利于他们发展领导才能的环境。尽管在这方面小企业通常做不了什么，但所有的大企业都采取了一定的措施。不过在我熟悉的企业中，没有哪一家做到了完美无缺，一家都没有！

为企业培养足够的合格领导人需要做许多方面的工作，其中有很多都是大家所熟知的。首先，选择聘用潜力较大的管理、专业和技术人才，接下来要帮助他们进入管理阶层，熟悉领导工作，适应周围复杂的环境，还要帮助他们建立权力基础，培养成功特质，并确保既不让他们从事超过自己能力的工作，也不长期让他们待在同一个岗位上得不到提升。

在某种程度上，企业如果有个强大的、称职的人力资源部将会对此大有好处，由于人力资源部不像其他部门一样常常受制于短期的财务指标压力，它们常常可以着眼于更广泛、更长远的目标。它们可以设计和实施一系列针对未来领导者培养的招聘、方向指导、培训和职业生涯管理等项目，许多大企业在这方面做了不少工作，但是没有几家真正做到了无可挑剔。

对于企业而言，招聘和选拔的目的在于网罗“优秀”人才，但是符合企业未来需要的“优秀”人才到底有什么特点，很多企业就不太清楚了。方向指导与培训项目传授的往往是幼稚的观点，实际上对企业弊大利小。可以想象，人们从这些培训项目中所学的与其实际工作相差甚大，这必然使他们对培训的作用产生怀疑。而职业生涯管理和“潜能开发”项目也多为纸上谈兵，对企业的运营没有多少实质性影响。

这里的主要问题就在于：要使这些项目真正发挥作用，人力资源部自己必须有一批称职的领导者。我们必须要面对以下现实：在人力资源部中，幼稚的“社会工作者'[⊖]，以独揽大权、位高权重的董事总经理为学习榜样的人事管理专家和在其他部门干不好被下放到人力资源部的落后分子为数不少，他们是做不好人力资源工作的。

即便人力资源部都是精兵强将，培养领导者的大部分工作还是要靠一线管理人员。一线经理最适合做年轻管理人员的辅导者、支持者、教练和榜样，实际上有些人在这方面做得相当出色。但是，如果想培养更多能够有效解决权力倒挂问题的领导者，我们还需要让更多的一线经理去指导年轻的管理人员。我认为，如果所有的高级经理都能经常思考以下问题，一定会对其工作有很大帮助。

- 我们公司里有多少资深管理人员能够尽心尽力地指导和培养年轻经理并成为其学习榜样？有多少人擅长帮助年轻人开发和培养其成功特质？有多少是年轻人的良师，教会他们在个人事业发展初期应该重视或避免哪些问题？又有多少人真正拿出时间去帮助基层管理人员熟悉业务、建立有用的联系和培养重要的管理技能？
- 假定10年或20年内我们公司所需要的领导者

⊖ social worker，经常指在慈善公益事业中服务的工作人员。——译者注

> 数量是已知的，那么我们是否有足够的一线经理去指导和培养他们呢？是否有足够的基层管理人员可以得到必要的指导与培训？如果没有，为什么？我们对此应采取什么切实可行的改进措施？

我坚信，绝大多数公司对以上问题的回答都不乐观。

当然，即便是最好的管理指导与培训也不能消除战略和组织决策失误所造成的影响，比如：多样性和互赖性过大乃至于无法管理、权力倒挂现象过于严重和数量过多等。因此，关于培养未来领导者的最后一条要求就是不要给领导工作制造障碍。也就是说，我们不能再把公司的经营活动看成简单的“资产组合”，仅靠几个财务天才就可以管好；我们也不能再把政府机构仅仅看作政府官员及其幕僚实施重要计划的“工具”。不管是公共部门还是私营部门，相关组织实际上都是复杂的人事系统，一旦处理不当，就可能形成无法收拾的局面。我们不能再让这种现象继续下去了。

致　谢[㊀]

本书的创作源于20世纪70年代和80年代哈佛商学院做的7个不同的科研与课程开发课题。参加这些科研项目的有几十个人，大部分都对本书做出了重要贡献。

第一个调研项目（1971～1974年）的调研对象是美国20个大城市的市长。[1]这是一项历史性的研究，因为我们不是研究当时在任的市长，而是研究20世纪60年代的市长。调研城市包括亚特兰大、布法罗、辛辛那提、克利夫兰、哥伦布、达拉斯、沃思堡、休斯敦、印第安纳波利斯、泽西城、堪萨斯城、路易斯维尔、明尼阿波利斯、纽黑文、新奥尔良、纽瓦克、诺福克、罗切斯特、圣地亚哥和旧金山。通过采访与市长有过近距离接触的人群，如报社记者、市政官员、企业家、劳工领袖以及

㊀ 含本书写作历程。——译者注

许多其他人，我和保罗·劳伦斯（Paul Lawrence）试图了解现代市长所面临的种种挑战、这些当选官员如何工作、他们对所管辖社区有何影响。这是一项颇有创新性的研究，部分原因是我们以前的此类分析都只关注私营部门。在某种程度上，这项研究加深和拓宽了劳伦斯以前的研究，[2] 特别是对于有效的管理方法在特定环境中如何应用这一主题。此外，这项研究还引发了一个新的调研项目，如复杂环境中的权力、影响力和领导力问题。

一般人想象不出市长的工作有多复杂。有限的资源、各个选区提出相互冲突的要求、无休止的恶性权力斗争以及许多其他因素使得市长很难有所成就。但确实有那么几次——尽管为数不多，他们干出了令市民瞩目和自己引以为豪的非凡成绩。要想真正理解他们的成就，我们首先需要了解权力运作问题，即权力的开发和运用。简单地说，业绩突出的市长都能成功地建立自己稳固的权力基础并运用权力有效管理庞大复杂的人际（包括群体之间的）关系网。与普通观念不同，强势的领导者并非那些丑闻缠身的贪污腐败分子，而那些平庸之辈则往往抵抗不住“进攻”并干出令人失望的事情。

市长课题做完之后，我们在1974年又启动了一项后续性调研课题。最终有26个组织（它们的规模和成立时间都不尽相同）参与了这次调查。这些组织包括：零售商、银行、咨询公司、广告公司、电子产品生产企业、卫生保健组织、教育机构、重型设备生产企业、保险公司、通信公司、食品公司、服装公司、艺术机构、政府机关、电力公司、投资管理公司和消费品生产企业。对于每一个组织，我们都对其10～12名高级领导进行访谈，并且尽量多地获取尽量真实的关于这个组织的文献资料。最后按照两条主线对这些资料进行分析：第一条主线是这些组织的产生、发展和变革过程；[3]第二条主线是在这些组织中管理人员对权力的争取和运用。[4]到这项调研结束时，我们已经确信：就像公共部门一样，这些问题对于私营部门和非营利部门也同样重要。

把组织分成公共部门和私营部门两大类很有价值，但也容易把我们引入歧途。说它有价值是因为公共部门和私营部门的性质完全不同，例如，公共部门没有利润方面的要求。说它把我们引入歧途是因为它低估了公共部门和私营部门的共同之处，这两类组织实际上有很多共性。尽管在公共部门里，由互相冲突的要求、紧张的资源和激烈的权力斗争造成的问题通常更为严重，但在私营部门和非营利部门里显然也存在类似问题。此外，我还发现这些组织“解决”以上问题的常规方法也都是一样的，因此仅仅强调二者的差别（尽管这也有必要）是不够的。以上两项课题的研究结果表明：一个人要想做好管理工作，还应该对其所处的复杂环境保持高度的敏感性，同时掌握权力和影响力的建立与运作技巧。

1975年，在对这26个组织进行调研的同时，我承担了一门研究生必修课“组织问题”。当时，师生们对这门课的评价都不高。哈佛大学组织行为研究领域的负责人杰伊·洛尔施（Jay Lorsch）鼓励我们大胆创新。在随后的三年里，一个小组开始编写许多美国著名公司的案例，其成员包括莱恩·施莱辛格（Len Schlesinger）、维杰伊·萨思（Vijay Sathe）、麦克·比尔（Mike Beer）、罗斯福·托马斯（Roosevelt Thomas）和维克多·福克斯（Victor Faux）的。洛尔施（和劳伦斯）在这方面的早期研究对这次教材编写工作帮助很大，它使我们注意到了造成现代企业复杂环境的两个重要因素：①多样性（企业人员在信仰、目标、价值观和技能等方面的差异）；②（企业人员之间的）互赖性。通过对这两个问题进行深入研究，同时结合对权力、影响力和领导力的研究，我们对正在研究的组织管理行为问题有了更清醒的认识。那些以前难以解释和说明的行为（特别是组织变革行为）开始有规律可循。[5]

与这三项课题同时进行的是另外一条研究路线，这条研究路线并不关注权力、影响力和领导力，相反，它研究的是管理工作和专业工作中的个人职业生涯发展。1969年，我在麻省理工学院埃德加·沙因（Edgar Schein）的指导下开始进行相关研究。[6]我第一个大的研究项目是1972年在哈佛大学进行的，指导者为托尼·阿索斯（Tony Athos）。当时，托尼·阿索斯、查尔斯·麦克阿瑟（Charles McArthur）和我正在为MBA开发一门新的选修课，这门课后来被叫作“自我评估与职业发展”。这项工作一直持续了三四年，后来维克多·福克斯、沃伦·威尔赫尔姆（Warren Wilhelm）还有其他一些人也参与了相关工作，最后编写了好几十个案例，主要都是企业经理和专业人士的职业发展案例。[7]1973年，与这项研究同步，我们又启动了一项时间跨度很长的研究课题，研究对象是哈佛大学1974年毕业的130名MBA毕业生。这项与杰夫·索南费尔德（Jeff Sonnenfeld）合作的研究一直持续到了今天，我们主要靠详细的年度调查问卷进行研究，同时辅之以深度访谈和标准心理测试等研究手段，目的是想了解这些MBA的一些基本情况及其职业发展历程。[8]

在这项研究之初，我们便发现了两个核心问题。第一个是“工作环境与个人条件的契合”。在我们的研究对象中，如果他选择的工作环境与自己的技能、兴趣、期望、需求和经验不甚吻合，那么不论他有多么出众的能力、多么希望获得成功，在其职业发展过程中总会出现这样或那样的问题。第二个是“职业生涯的不同阶段”，即人们在职业发展的不同阶段所面临的重点工作、问题和挑战也各不相同，了解不同阶段的具体要求可以帮助我们更有效地解决这些问题。

直到20世纪70年代末，这两类研究——个人职业发展研究和领导力与权力研究才开始融合。第一项融合性的研究项目是总经理研究。从1976年开始，这项长达5年的课题对9家公司的15名总经理进行了深入研究。[9]这15位总经理的年龄从37岁到62岁不等，他们1978年的年均收入是15万美元。与以前的项目有所不同，这项研究除了沿袭使用访谈、调查问卷和收集资料等方法之外，还大量地使用了实地观察法，即对每位总经理的工作进行一段时间的实地跟踪观察。

这项研究验证了我们前面提到的一系列问题，包括现代企业复杂的工作环境、权力与影响力的相关技能、工作环境与自身条件的契合等，并对它们进行了扩展研究。此外，这项研究表明：要想探究这些卓越经理人的成功之道，必须先了解他们的职业发展历程和早期经历。也就是说，要分析成功人士在领导风格和权力运作上的异同以及他们的影响力大小，我们必须先了解他们的童年时代并比较其职业生涯的异同。

本书参考的第七项也是最后一项课题始于1978年。

在这一年，我决定在以往课题研究的基础上开发一门新的 MBA 课程“权力与影响力”。在接下来的四年里，我编写了几十个基于实地考察的新案例，其中有大部分是在约翰·斯坦格里维克斯（John Stengrevics）的帮助下完成的。本书的创作也是在这个时期开始的。

最后这项研究也提出了许多新观点，其中有四点尤为重要。第一点，在分析如何管理复杂的企业环境时，我发现有必要将管理者与上司的关系、与同事及外部人员的关系、与下属的关系分开讨论。[10] 每一类关系中的重点问题都不尽相同，正确的应对方法也各不相同。第二个新观点是职业生涯初期的主要任务。大多数人的职业生涯初期处于 20～40 岁之间。对这些想在大企业的管理或专业岗位上建功立业的人来说，这个阶段的核心任务是建立坚实的权力基础。第三个新观点实际上是我给 MBA 及企业现职经理讲课（主题就是权力与影响力）时的发现。随着时间的推移，我们可以非常明显地看出：在这些学生和经理中，大部分人对这类问题的看法十分幼稚。另外有一少部分人的观点非常玩世不恭，这同样是不正确的。对于这两类人而言，他们戴的“有色眼镜”会给他们自身以及和他们有工作来往的人带来许多问题。第四个新观点源于我对钱德勒著作的二次阅读。我在重读他有关现代管理与现代企业演进史时深受启发，于是我对20世纪以来（特别是过去三四十年）管理工作、专业工作和技术工作中所发生的变化及其对权力和领导力的影响进行了深入研究。这一研究最终形成了本书的核心思想。

综上所述，本书的创作历时12年，它的素材取自哈佛商学院资助进行的一系列研究项目，同时还得到了哈佛商学院领导的大力支持，他们是：拉里·福雷克、约翰·麦克阿瑟、理查德·沃尔顿、理查德·罗森布鲁姆、雷·科里、杰伊·洛尔施和保罗·劳伦斯。许多经理和管理专业的学生也对本书做出了重要贡献，他们参与了相关研究并提出了自己的观点。同时，许多前人（社会科学研究者、应用社会科学研究者）的著作也使本书获益良多，这些人主要有：爱德华·班菲尔德、彼得·布劳、罗伯特·达尔、理查德·爱默森、詹姆斯·马奇、大卫·麦克利兰、亨利·明茨伯格、理查德·诺伊施塔特、杰夫·佩弗、伦纳德·塞尔斯、埃德加·沙因、罗斯玛丽·斯图尔特和卡尔·韦克。[11] 另外，托尼·阿索斯、汤姆·博诺玛、理查德·博亚茨、阿兰·弗罗曼、杰克·加巴罗、维杰伊·萨思、莱恩·施莱辛格和杰夫·索南费尔德还对本书的初稿提出了很多宝贵的修改意见，在此一并致谢。

注　　释

第2章

1. This and other quotes and allegations about Johns-Manville are from "Shootout at the Johns-Manville Corral" by Herbert E. Meyer, *Fortune,* October 1976.
2. This material about Jones, Day is taken from "The Split: A True Story of Washington Lawyers" by Nicholas Lemann, *Washington Post Magazine,* March 23, 1980.
3. The report is based on "ABC Covers Itself," by Roy Rowan, *Fortune,* November 17, 1980.
4. See, for example, Melville Dalton, *Men Who Manage,* John Wiley, 1959, and Andrew Pettigrew, *The Politics of Organizational Decision Making,* Tavistock, 1973.
5. The central importance of the two concepts "diversity" and "interdependence" was originally brought to my attention through the work of Jay Lorsch. See *Managing Diversity and Interdependence* by Lorsch and Steven A. Allen, Harvard Business School, 1973.
6. See, for example, "The Changing Role of the Chief Executive" by A. Brearley, *Journal of General Management,* 1976, 3 (4), pp. 62–71.
7. See "ATT Marketing Men Find Their Star Fails to Ascend as Expected" by Monica Langley, *Wall Street Journal,* February 13, 1984, p. 1.

第 3 章

1. Jeffrey Pfeffer and Robert Miles, among others, have made similar arguments. See Pfeffer's *Power in Organizations*, Pitman, 1981, and Miles's *Macro-Organizational Behavior*, Goodyear, 1980.
2. In a poll of CEOs taken in 1981, *Fortune* ranked GE and IBM as the two best-run corporations in America. See "CEOs Pick the Best CEOs," by Ann Morrison, *Fortune*, May 4, 1981, pp. 133–135.
3. See *The Gamesman*, by Michael Maccoby, Simon & Schuster, New York, 1976.
4. The useful concept of "Stakeholder" was brought to my attention by Paul Lawrence, Mike Beer, Quinn Mills, and Dick Walton, all of whom have helped develop our Human Resource Management course here at Harvard.

第 4 章

1. This aspect of leadership and management in modern organizations has traditionally been almost ignored by those writing on these subjects. (See *Leadership: Where Else Can We Go?* edited by Morgan W. McCall Jr. and Michael Lombardo, Duke University Press, 1978.) Yet, the evidence is clear that lateral relations to peers (see *Managerial Behavior* by Leonard Sayles, McGraw-Hill, 1964) and to outsiders (see "Managing External Dependence" by John Kotter, *Academy of Management Review*, 1979, Vol. 4, No. 1, pp. 87–92) are very important and pervasive.
2. See "Choosing Strategies for Change" by John P. Kotter and Leonard A. Schlesinger, *Harvard Business Review*, July/August 1979.
3. The description is taken from case 9–1, in *Organization* by John Kotter, Leonard Schlesinger, and Vijay Sathe, Irwin, 1979.
4. See *Decision Making at the Top* by Gordon Donaldson and Jay Lorsch, Basic Books, 1983.
5. See *Power In Management* by Kotter.
6. The description is taken from Case 3–2, Alcon Laboratories, in *Organization* by John Kotter, Leonard Schlesinger, and Vijay Sathe, Irwin, 1979.

7. "The World of David Rockefeller," on "Bill Moyers' Journal," PBS, produced by David Grubin.
8. For a more detailed description of such jobs, see "Fred Fischer" by John Stengrevics and John Kotter, HBS Case Services #9–480–045.
9. The facts in this case are taken from "The Unlikely Hero of McGraw-Hill" by Donald D. Holt, *Fortune,* May 21, 1979, pp. 97–108.

第5章

1. See, for example, *Stogdill's Handbook of Leadership,* 2nd edition by Bernard Bass, Free Press, 1981.
2. For good critiques of the traditional leadership literature see *Leadership: Where Else Can We Go?* edited by Morgan W. McCall, Jr. and Michael M. Lombardo, Duke University Press, 1978, and the Leadership Symposium Series of books edited by James G. Hunt and Lars L. Larson, and published by the Southern Illinois University Press.
3. Cartoon by Stan Hunt.
4. See *Power in Management* by Kotter.
5. For more information on the situation, see "Zaphiropoulos" by John Kotter, HBS Case Services #9–480–044.
6. Lots of agreement seems to exist on this point. See, for example, "Two Words That are Hard to Say: You're Fired" by Bryant and Carole R. Cushing, *Wall Street Journal,* and "The Art of Firing an Executive" by Judson Gooding, *Fortune,* October 1972.
7. From *Fortune,* June 28, 1982, p. 91, "Managing by Mystique" by Myron Magnet.
8. See *The General Managers* by John Kotter.
9. See Tom Peters, "Symbols, Patterns, and Settings" in *Organizational Dynamics,* 1978.
10. See for example, "ITT: Can Profits be Programmed?" *Dun's Review,* November 1965.
11. See *Organization and Environment* by Paul Lawrence and Jay Lorsch, Harvard Business School, 1967.

12. See Peters, "Symbols, Patterns, and Settings."
13. From page 104, "The Unlikely Hero of McGraw-Hill" by Donald Holt, *Fortune,* May 21, 1979.
14. See "Choosing Strategies for Change" by John Kotter and Leonard A. Schlesinger, *Harvard Business Review,* March/April 1979.
15. See *A Theory of Leadership Effectiveness* by Fred E. Fiedler, McGraw-Hill, 1967, and *The General Managers* by Kotter.

第6章

1. For a good detailed example of how a talented and successful young person can find himself having great difficulty with a boss, see "Tom Levick" by Gary Gerttula, HBS Case Services #9-480-049.
2. For a more detailed description of the situation, see First National City Bank Operating Group (A) and (B) by John Seeger, Jay Lorsch, and Cyrus Gibson, Case 7-1 in *Organization* by Kotter, Schlesinger, and Sathe, Irwin, 1979.
3. Names are described. This information comes from interviews with some of the people involved.
4. See, for example, John J. Gabarro, "Socialization at the Top: How CEOs and Their Subordinates Develop Interpersonal Contracts," *Organizational Dynamics,* Winter 1979; and John P. Kotter, *Power in Management,* AMACOM, 1979.
5. From the case "Frank Mason" by John J. Gabarro and N. J. Norman, HBS Case Services #6-476-019.
6. See Peter Drucker, *The Effective Executive,* Harper & Row, 1967.

第7章

1. See Chapter 3 in *The General Managers* by John Kotter.
2. For more information on the method, see *Self-Assessment and Career Development* by Kotter, Faux, and McArthur, Prentice-Hall, 1978.
3. For example, see Pfeffer's description on page 60 of *Power in*

Organizations of how easily available indicators can be used to make judgments regarding the relative power of different functional departments within a business firm.

4. See Chapter 4 in *The General Managers* by Kotter.
5. Ed Banfield's work originally brought this pattern to my attention. Although he was talking about political figures in city government, the same seems to hold for very influential people in organizations generally. See *Political Influence,* The Free Press, 1961.
6. For a good discussion of this point, see G. Salancik and J. Pfeffer, "Who Gets Power—and How They Hold On to It: A Strategic Contingency Model of Power," *Organizational Dynamics,* Winter 1977.
7. See Chapter 3 in Kotter's *The General Managers.*
8. Simon & Schuster, 1976.
9. David McClelland has suggested, correctly I believe, that "America's concern about the possible misuse of power verges, at times, on a neurotic obsession." See "The Two Faces of Power," *Journal of International Affairs,* 1970, Vol. 24, No. 1, p. 44.
10. Henry Greenwald, the editor-in-chief of Time, Inc., has been quoted as saying something similar (see the February 1982 issue of *Cosmopolitan.* So has sociologist Rosabeth Kanter (see *Men and Women of the Corporation,* Basic Books, 1967).

第 8 章

1. See Kotter's *The General Managers,* especially Chapter 2.
2. See, "How New York Bank Got Itself Entangled in Drysdale's Dealings" by Julie Salamon, *Wall Street Journal,* Friday, June 11, 1982, p. 1, and "Costly Caper" in *Time,* February 20, 1984, p. 61.
3. See *Decision Making at the Top* by Gordon Donaldson and Jay Lorsch.
4. For more details see "Parker Brothers" by Stengrevics and Kotter, HBS Case Services #9–480–047, and "Firm Plays it Safe with Voluntary Recall" by Larry Kramer, *The Washington Post,* June 7, 1979.

5. For a good description of the Rely case see, "Taking Rely Off Market Cost Procter & Gamble a Week of Agonizing" by Dean Rotbart and John Prestbo, *Wall Street Journal*, November 3, 1980, p. 1.
6. The actual title is "How Moral Men Make Immoral Decisions," from *On A Clear Day You Can See General Motors* by J. Patrick Wright, Write Enterprises, Grosse Point, Michigan, 1979.
7. See *On A Clear Day You Can See General Motors* by Wright.
8. See pages 142 and 143 in Kotter's *The General Managers*.
9. Facts from "Roy Ash Is Having Fun at Addressogrief-Multigrief" by Louis Kraar, *Fortune*, February 27, 1978, pp. 47–52, and "AM International: When Technology Was Not Enough," *Business Week*, January 25, 1982, pp. 62–68.
10. See Chapter 3 in Kotter's *The General Managers*.
11. See, for example, Rumelt's *Strategy, Structure, and Economic Performance*, Harvard Business School, 1974.
12. Facts are from, "RCA: Still Another Master," *Business Week*, August 17, 1981, pp. 80–86, and RCA annual reports.
13. See "Choosing Strategies for Change" by Kotter and Schlesinger.
14. Facts from, "Federal Radar Corporation" by L. Wallace Clausen, Alfred G. Zappola, and J. Sterling Livingston, Peat, Marwick, Livingston, 1965.
15. For more details see Case 7–3 in *Organization* by Kotter, Schlesinger, and Sathe.
16. A Yankelovich, Skelly, and White survey in 1968 found that 70 percent of those polled agreed that "business tries to strike a fair balance between profits and interests of the public." When they asked the same question in 1977, only 15 percent agreed with the statement. As reported in *Business Week*, May 14, 1979.

第 9 章

1. The facts in this case come from three primary sources:
   a. CBS: When Being No. 1 Isn't Enough," *Business Week*, May 26, 1980, pp. 128–132.
   b. "Paley's Dismissal of Backe as CBS Chief Raises Question About Concern's Course" by John E. Cooney, *Wall Street Jour-*

nal, May 13, 1980, p. 48.

c. "CBS Names Wyman of Pillsbury to Replace Backe as the President" by John E. Cooney and Lawrence Ingrassia, *Wall Street Journal,* May 23, 1980, p. 2.

2. From "Top Executives Find the Going is Toughest When It's Time to Go," *Wall Street Journal,* August 21, 1980, p. 1.
3. See "Ford After Henry II," in *Business Week,* April 30, 1979, pp. 62–72. And "Dearborn Beckons: The Return of Henry Ford II," in *Fortune,* March 22, 1982.
4. The facts here come from "Why Harold Geneen got the Board to Strip Power from Hamilton" by Priscilla S. Meyer, *Wall Street Journal,* July 18, 1979, p. 1. And "ITT: Groping for a New Strategy," *Business Week,* December 15, 1980, pp. 66–80.
5. From "Limiting a CEO's Tenure," in *Dun's Business Month,* January 1982, page 68.
6. Facts from "Following the Corporate Legend," *Business Week,* February 11, 1980, pp. 65, 66.
7. From "Retirement as the Pinnacle of Your Career" by Mortimer R. Feinberg and Aaron Levenstein, a Manager's Journal feature in the *Wall Street Journal,* November 23, 1981.

第 10 章

1. The specifics here and on the next few pages come from *History of the American Economy,* 3rd edition, by Ross N. Robertson, Harcourt Brace, Jovanovich, 1955, and "Rise and Evolution of Big Business" by Alfred D. Chandler, Jr. in *Encyclopedia of American Economic History* edited by Glenn Porter, Charles Scribner's Sons, 1980.
2. See "Rise and Evolution of Big Business" by Chandler.
3. For an excellent report on the rise of the modern business organization, see Alfred Chandler's *The Visible Hand* and *Strategy & Structure.*
4. For a further discussion of this Japan–USA comparison and its consequences, see Richard Pascale and Anthony Athos, *The Art of Japanese Management,* Simon and Schuster, 1981, especially Chapter 5.

致谢

1. The full report of this project was published as *Mayors in Action* by John P. Kotter and Paul R. Lawrence, John Wiley, 1974.
2. I am thinking of the Contingency Theory ideas articulated in *Organization and Environment* by Lawrence and Lorsch, Harvard Business School, 1967.
3. The work subsequently led to a book entitled *Organizational Dynamics,* by John Kotter Addison-Wesley, 1978.
4. This was published by AMACOM, in 1979, as *Power for Management* by John Kotter.
5. See, for example, Chapter 7 in *Organization* by Kotter, Schlesinger, and Sathe, Irwin, 1979.
6. Schein had been working in this area for a number of years. I helped on a study funded by the Carnegie Commission on Higher Education and did a small project of my own (a summary of the latter is reported as "The Psychological Contract: Managing the Joining Up Process," *California Management Review,* 1973, Vol. 15, No. 3, pp. 91–99).
7. This work was subsequently published by Prentice-Hall in 1978 as *Self-Assessment and Career Development* by Kotter, Faux, and McArthur.
8. None of the data from the project has been published as of 1982. But a conceptual overview of the project by Sonnenfeld and Kotter, came out in *Human Relations* under the title, "The Maturation of Career Theory."
9. The complete report of the project can be found in *The General Managers* by Kotter, Free Press, 1982.
10. This idea was originally brought to my attention by Wickham C. Skinner and Earl Sasser.
11. See *Political Influence* by Edward C. Banfield, Free Press, 1961; *Exchange and Power in Social Life* by Peter M. Blau, John Wiley, 1964; "Power Dependence Relations" by Richard M. Emerson, *American Sociological Review,* Vol. 27, No. 1 (February 1962); *Who Governs* by Robert A. Dahl, Yale, 1961; *Power: The Inner Experience* by David C. McClelland, Irvington Publishers, 1975; *Presidential Power* by Richard E. Neustadt, John Wiley, 1960.

参考文献

Across the Board. "Firing at the Top," October 1981, pp. 17–18.

ALLEN, ROBERT W.; MADISON, DAN L.; PORTER, LYMAN W.; RENWICK, PATRICIA A.; and MAYES, BRONSTON T., "Organizational Politics; Tactics and Characteristics of Its Actors," *California Management Review*, Fall 1979, Vol. 22, No. 4, pp. 77–83.

BANFIELD, EDWARD C., *Political Influence*. New York: The Free Press, 1961.

BASS, BERNARD. *Stogdill's Handbook of Leadership*. New York: The Free Press, 1981.

BLAU, PETER M. *Exchange and Power in Social Life*. New York: John Wiley and Sons, Inc., 1964.

BOYATZIS, RICHARD. *The Competent Manager*. New York: John Wiley, 1982.

BREARLEY, A. "The Changing Role of the Chief Executive." *Journal of General Management*, to 1976, 3 (4), pp. 62–71.

Business Week. "CBS: When Being No. 1 Isn't Enough," May 26, 1980, pp. 128–132.

———. "FOLLOWING THE CORPORATE LEGEND," FEBRUARY 11, 1980, pp. 65–66.

———. "AM INTERNATIONAL: WHEN TECHNOLOGY WAS NOT ENOUGH," JANUARY 25, 1982, PP. 62–68.

———. "FORD AFTER HENRY II," APRIL 30, 1979, PP. 62–72.

———. "ITT: GROPING FOR A NEW STRATEGY," DECEMBER 15.

1980, PP. 66–80.

———. "STILL ANOTHER MASTER," AUGUST 17, 1981, PP. 80–86.

———. "WHEN A NEW PRODUCT STRATEGY WASN'T ENOUGH," FEBRUARY 18, 1980.

CHANDLER, ALFRED D., JR. "Rise and Evolution of Big Business," in *Encyclopedia of American Economic History*. New York: Charles Scribner's Sons, 1980.

———. *Strategy and Structure*. Cambridge, Mass.: MIT Press, 1962.

———. *The Visible Hand*. Cambridge, MA: Harvard University Press, 1977.

CLAUSEN, L. WALLACE; ZAPPOLA, ALFRED G.; and LIVINGSTON, J. STERLING. "Federal Radar Corporation," Peat, Marwick, Livingston, 1965.

COONEY, JOHN E. "Paley's Dismissal of Backe as CBS Chief Raises Question About Concern's Course." *Wall Street Journal*, May 13, 1980, p. 48.

COONEY, JOHN E. and INGRASSIA, LAWRENCE. "CBS Names Wyman of Pillsbury to Replace Backe as the President." *Wall Street Journal*, May 23, 1980, p. 2.

CUSHING, BRYANT and CAROLE R., "Two Words That Are Hard To Say: You're Fired," *Wall Street Journal*.

DAHL, ROBERT A. *Who Governs?* New Haven: Yale University Press, 1961.

DALTON, MELVILLE. *Men Who Manage*. New York: John Wiley, 1959.

DONALDSON, GORDON, and JAY LORSCH. *Decision Making at the Top*. New York: Banc Books, 1983.

DRUCKER, PETER. *Management*. New York: Harper & Row, 1974.

———. *The Effective Executive*. New York: Harper & Row, 1967.

Dun's Business Month. "Limiting a CEO's Tenure," January 1, 1982, p. 82.

Dun's Review, "ITT: Can Profits Be Programmed?". November 1965.

EMERSON, RICHARD M. "Power Dependence Relations." *American Sociological Review*, February 1962, Vol. 27, No. 1., pp. 31–41.

FEINBERG, MORTIMER R. and LEVENSTEIN, AARON. "Retirement

as the Pinnacle of Your Career." Manager's Journal Feature, *Wall Street Journal,* November 23, 1981, p. 26.

FIEDLER, FRED E. *A Theory of Leadership Effectiveness,* New York: McGraw-Hill, 1967.

Forbes. "Is There Life After Downfall." November 2, 1979, pp. 241–250.

Fortune. "Dearborn Beckons: The Return of Henry Ford II," March 22, 1982, p. 13.

GABARRO, JOHN J. "Socialization at the Top: How CEOs and Their Subordinates Develop Interpersonal Contracts." *Organizational Dynamics,* Winter 1979.

——— AND KOTTER, JOHN P. "Managing Your Boss." *Harvard Business Review,* January/February 1980, pp. 92–106.

——— AND NORMAN, N.J. "Frank Mason." HBS Case Services #6–476–019.

GERTTULA, GARY A. "Tom Levick." HBS Case Services #9–480–049.

GOODING, JUDSON. "The Art of Firing an Executive," *Fortune,* October 1972.

HOLT, DONALD D. "The Unlikely Hero of McGraw-Hill." *Fortune,* May 21, 1979, pp. 97–108.

KANTER, ROSABETH. *Men and Women of the Corporation.* New York: Basic Books, 1977.

———. *The Change Masters.* New York: Simon and Schuster, 1984.

KOLB, DAVID A., RUBIN, IRWIN M., and MCINTYRE, JAMES M. *Organizational Psychology: A Book of Readings.* Englewood Cliffs, NJ: Prentice-Hall, Inc., 1979.

KOTTER, JOHN P. "Fred Henderson." HBS Case Services #9–480–043.

———. "MANAGING EXTERNAL DEPENDENCE." *Academy of Management Review 1979,* 1979, Vol. 4, No. 1, pp. 87–92.

———. *Organizational Dynamics: Diagnosis and Intervention.* Reading, MA: Addison-Wesley, 1978.

———. "POWER, DEPENDENCE, AND EFFECTIVE MANAGEMENT." *Harvard Business Review,* July/August 1977. pp. 125–136.

———. *Power In Management.* AMACOM, 1979.

———. "RENN ZAPHIROPOULOS." HBS CASE SERVICES #9–480–044.

———. *The General Managers.* New York: The Free Press, 1982.

———. "THE PSYCHOLOGICAL CONTRACT: MANAGING THE JOINING UP PROCESS." *California Management Review,* 1973, Vol. 15, No. 3, pp. 91–99.

———; FAUX, VICTOR A.; and MCARTHUR, CHARLES C. *Self-Assessment and Career Development.* Englewood Cliffs, NJ: Prentice-Hall, Inc., 1979.

KOTTER, JOHN P. and PAUL LAWRENCE, *Mayors in Action,* New York: John Wiley, 1974.

———, AND SCHLESINGER, LEONARD A. "Choosing Strategies for Change." *Harvard Business Review,* July/August 1979, pp. 106–114.

———; Schlesinger, Leonard A.; and SATHE, VIJAY. *Organization.* Homewood, IL: Richard D. Irwin, Inc., 1979.

KRAAR, LOUIS. "AM International: When Technology Was not Enough." *Business Week,* June 25, 1982, pp. 62–68.

———. "Roy Ash is Having Fun at Addressogrief-Multigrief." *Fortune,* February 27, 1978, pp. 47–52.

KRAMER, LARRY. "Firm Plays It Safe with Voluntary Recall." *Washington Post,* June 7, 1979.

LANGLEY, MONICA, "ATT Marketing Men Find Their Star Fails to Ascend as Expected," *Wall Street Journal,* February 13, 1984, page 1.

LAWRENCE, PAUL, AND LORSCH, JAY, *Organization and Environment.* Boston: Harvard University Press, 1967.

LEMANN, NICHOLAS. "The Split: A True Story of Washington Lawyers." *Washington Post,* March 23, 1980.

LORSCH, JAY and ALLEN, STEVEN A. *Managing Diversity and Interdependence.* Cambridge, MA: Harvard University Press, 1973.

MACCOBY, MICHAEL, *The Gamesman,* New York: Simon and Schuster, 1976.

MAGNET, MYRON. "Managing by Mystique at Tandem Computers." *Fortune,* June 28, 1982.

MCCALL, MORGAN W., JR. and LOMBARDO, MICHAEL. eds. *Leadership: Where Can We Go?* Durham, NC: Duke University Press, 1978.

MCCLELLAND, DAVID C. *Power: The Inner Experience.* New York: Irvington Publishers, 1975.

———. "The Two Faces of Power." *Journal of International Affairs,* 1970, Vol. 24, No. 1, pp. 29–47.

MEYER, HERBERT E. "Shootout at the Johns-Manville Corral." *Fortune,* October 1976, pp. 146–154.

MEYER, PRISCILLA S. "Why Harold Geneen Got the Board to Strip Power from Hamilton." *Wall Street Journal,* July 18, 1979, p. 1.

MILES, ROBERT H. *Macro Organizational Behavior.* Santa Monica, CA: Goodyear Publishing, 1980.

MORRISON, ANN. "CEO's Pick the Best CEO's." *Fortune,* May 4, 1981, pp. 133–135.

NEUSTADT, RICHARD E. *Presidential Power: The Politics of Leadership.* New York: John Wiley & Sons, Inc., 1960.

PASCALE, RICHARD T. and ATHOS, ANTHONY G. *The Art of Japanese Management.* Simon and Schuster, 1981.

PETERS, TOM. "Symbols, Patterns, and Settings." *Organizational Dynamics,* Fall 1978, pp. 3–23.

PETTIGREW, ANDREW. *The Politics of Organizational Decision Making.* London: Tavistock, 1973.

PFEFFER, JEFFREY. *Power in Organizations.* Marshfield, MA: Pitman Publishing, 1981.

PRESTHUS, ROBERT. *The Organizational Society.* New York: Vintage Books, 1962.

REICH, CHARLES. *The Greening of America.* New York: Random House, 1970.

ROBERTSON, ROSS N. *History of the American Economy.* 3rd ed., New York: Harcourt Brace Jovanovich, 1955.

ROTBART, DEAN and PRESTBO, JOHN A. "Taking Rely Off Market Cost Procter & Gamble a Week of Agonizing." *Wall Street Journal,* November 3, 1980, p. 1.

ROWAN, ROY. "ABC Covers Itself." *Fortune,* November 17, 1980.

RUMELT, RICHARD P. *Strategy, Structure, and Economic Performance.* Cambridge MA: Harvard University Press, 1974.

SALAMON, JULIE. "How New York Bank Got Itself Entangled in Drysdale's Dealings." *Wall Street Journal,* June 11, 1982, p. 1.

SALANCIK, G. and PFEFFER, J. "Who Gets Power And How They Hold On To It: A Strategic Contingency Model of Power." *Organizational Dynamics,* Winter 1977, pp. 3–21.

SAYLES, LEONARD. *Managerial Behavior.* New York: McGraw-Hill, 1964.

SCOTT, WILLIAM G. and HART, DAVID K. *Organizational America.* Boston: Houghton Mifflin, 1979.

SONNENFELD, JEFFREY and KOTTER, JOHN P. "The Maturation of Career Theory." *Human Relations,* 1982. Vol. 35, No. 1, pp. 19–46.

STENGREVICS, JOHN and KOTTER, JOHN P. "Fred Fischer," HBS Case Services #9–480–045.

———. "PARKER BROTHERS," HBS CASE SERVICES #9–480–047.

STEWART, ROSEMARY. *Contrasts In Management.* New York: McGraw-Hill, 1976.

Time. "Costly Caper," February 20, 1984, p. 61.

U.S. BUREAU OF THE CENSUS. *Statistical Abstract of the United States 1981,* Washington, DC: 1981, p. 142.

WRIGHT, J. PATRICK, *On a Clear Day You Can See General Motors.* Grosse Pointe, Michigan: Wright Enterprises, 1979.

译者后记

约翰·科特是一位知名度极高的管理学大师，在中国的知名度几乎与竞争战略大师迈克尔·波特及营销学大师菲利浦·科特勒比肩。他写了很多管理学著作和文章，对现代领导科学和组织行为学做出了重要贡献，同时也是一位管理咨询大师。因此，机械工业出版社引入的《权力与影响力》一书，使我们能够再次聆听大师的声音。

本书内容非常实用，尤其适用于中国企业界。作者研究了一个中国企业家十分关注的问题：权力与影响力。研究这个问题的有哈佛商学院的科特和著名学者杰弗里·普费弗（Jeffrey Pfeffer）。他们都在知名度很高的商学院工作，所研究的问题也很现实，可以在现实生活中应用，这是一种很好的研究方式。这本书可以作为手册，我特别将它推荐给所有中国企业的管理人员，尤其是受相关问题困扰的中高层经理人员。

本书分为四篇。

第一篇介绍了管理和专业工作的新变化，作者认为大多数管理、技术、专业工作变得更为复杂了，其根源是过去数十年间一些最基本的经济和社会发展趋势。为了强调复杂的工作环境，作者用了两个核心概念：（1）多样性，它指不同的人对目标、价值观等的不同看法，员工之间往往存在很大的差异性。（2）互赖性，它指一个企业中两方或多方有能力影响对方，同时在一定程度上又受制于对方的情况。优秀的企业在处理这两个问题时往往做得很好，根据科特的看法，这就需要强有力的领导，这种领导包括三个层面：个人、组织和社会。

第二和第三篇是密切相关的详细分析，既针对高层领导职位，也针对较低级别的管理岗位和专业技术工作。第二篇将工作中日常需要处理的关系问题分为三大基本类型：（1）与外部人员的关系；（2）与下属的关系；（3）与上司的关系。第三篇“领导周期”描述了在不同阶段（初期、中期、晚期）领导者所面临的重大挑战和解决方案。

在本书的最后一篇，作者对于如何提高个人工作成效提出了切实可行的建议，同时还讨论了如何在社会层面上增加高水平领导人才的供给。此外，有一点不可不提：本书的基础是作者在哈佛商学院于20世纪70年代和80年代主持进行的7个课题的研究成果，因此它们也具有很高的学术价值。

本书的翻译工作得以完成，得到了许多朋友的无私支持。其中，王如芳（第1、2章）、张仓泉（第3章）、陈杰（第4、5章）、刘丽艳（第6章）、赵金莎（第7章）、刘新彩（第8章）、夏雪（第9章）、董妍娜（第10、11章）承担了大量的初稿翻译工作，李亚、王璐（南开大学经济学院讲师）和赵伟（南开大学商学院副教授）负责了本书绝大部分内容的翻译和全书的审校工作。陆建新、齐会含、郭吉涛、金生亮、曹慧、张修明、张一鹤、郭瑞红、郭延红、孟颖、郝臣等人也参与了部分工作。另外，本书的出版过程中，还得到了机械工业出版社华章分社的大力帮助，特此表示衷心的谢意。

需要说明的是，本书的翻译得到了教育部哲学社会科学研究重大课题攻关项目“中国民营经济制度创新与发展问题研究”（03JZD0018）、天津市2005年度社科研究规划项目“民营企业公司治理框架与实证研究（TJ05-GL003）”和南开大学科研启动项目“民营企业公司治理实证研究”的资助，另外还得到了南开大学亚洲研究中心（“中韩民营中小企业公司治理比较研究”）的资助。

由于本书内容很广，涉及大企业管理、社会经济、企业发展史的方方面面，这为本书的翻译增加了不少难度。尽管译者始终谨慎动笔，仔细求证，但难免还会存在疏漏，恳请广大读者批评指正。译者联系方式：022-23368618，电子邮件：yhg@vip.sina.com 或 guoyanhong627@vip.163.com。

李 亚

南开大学商学院